中国保险业
经营分析报告
2022

郭振华　朱少杰　倪红霞　编著

上海交通大学出版社
SHANGHAI JIAO TONG UNIVERSITY PRESS

内容提要

本书基于我国158家保险公司2017—2021年的年度财务报告和偿付能力报告,对各保险公司这5年的主要财务指标进行计算和分析,结合各保险公司的股东情况、业务情况、竞争优势等,分析我国人身险业和财产险业的经营规律。本书适合保险业从业人员、监管机构、保险业研究人员、保险业投资机构人员等学习使用。

图书在版编目(CIP)数据

中国保险业经营分析报告. 2022 / 郭振华,朱少杰,
倪红霞编著. — 上海:上海交通大学出版社,2023.2
　　ISBN 978-7-313-28306-1

　　Ⅰ.①中… 　Ⅱ.①郭… ②朱… ③倪… 　Ⅲ.①保险业
-经营管理-研究报告-中国-2022 　Ⅳ.①F842

中国版本图书馆 CIP 数据核字(2023)第 032687 号

中国保险业经营分析报告(2022)
ZHONGGUO BAOXIANYE JINGYING FENXI BAOGAO(2022)

编　　著:郭振华　朱少杰　倪红霞

出版发行:上海交通大学出版社　　　地　　址:上海市番禺路 951 号
邮政编码:200030　　　　　　　　　电　　话:021 - 64071208
印　　刷:苏州市古得堡数码印刷有限公司　经　　销:全国新华书店
开　　本:787mm×1092mm　1/16　　印　　张:10
字　　数:386 千字
版　　次:2023 年 2 月第 1 版　　　　印　　次:2023 年 2 月第 1 次印刷
书　　号:ISBN 978 - 7 - 313 - 28306 - 1
定　　价:68.00 元

前　　言

自 2018 年出版《保险公司经营分析：基于财务报告》以来，一直想用该书的分析思路对我国保险业各保险公司的经营状况做对比分析，可惜由于其他研究和写作任务缠身，这件事情一直等到 2022 年才得以正式进行。

2022 年 6 月，我们形成了保险业经营分析研究团队，团队中的三位教师长期讲授公司理财、风险管理、保险会计、保险精算、保险公司经营分析、保险公司偿付能力管理等课程，团队中的研究生和本科生刚刚选修过上述相关课程，团队成员具备收集数据、指标计算和指标分析的知识基础，经过指标体系构建、公司年报和偿付能力报告收集、相关数据查找和输入、指标计算和分析等一系列工作，终于在 2022 年 10 月初完成了全部报告的写作工作。

报告工作的分工大致如下：郭振华、朱少杰和倪红霞老师负责指标体系构建工作，任钊弘、秦军虎、李亚宁、毕文欣、靳佳琪、常湘雪和李婉彤等同学参与了数据收集工作，朱少杰老师负责完成了财险业各公司的经营分析工作，倪红霞老师负责完成了寿险业各公司的经营分析工作，郭振华老师负责最后的统稿工作。

本报告对保险业有数据来源的 73 家寿险公司（不包含养老保险公司和健康保险公司）和 85 家财险公司，依据其 2017—2021 年间 5 年的年度财务报告和偿付能力报告，对上述 158 家保险公司的经营状况进行了对比分析。全书共分两大部分：第一部分是财险业经营分析报告，第二部分是寿险业经营分析报告。分析指标分为五大类：第一类是业务增长指标，反映保险公司原保费收入的增长状况；第二类是盈利分析指标（包括负债质量分析指标、资产投资收益分析指标和公司盈利指标），反映公司的总体盈利状况；第三类是经营风险指标，反映公司的偿付能力风险；第四类是公司业务结构保障程度指标，主要反映寿险公司总体业务结构的保障程度或保险姓保程度；第五类是经风险调整的资本回报率指标，反映公司间可比资本回报率的高低。

本报告力图系统展示 2017—2021 年 5 年间保险业的经营成果状况，并对各公司的经营状况进行对比，还对各项指标排名前十的公司进行单独展示和扩展分析，希望能够对保险公司制定发展战略、调整业务结构、改进和提升公司绩效提供一定的帮助。本报告可为保险行业工作人员、保险行业研究人员提供参考。

由于自身知识的局限，报告中难免存在问题和缺陷，欢迎各位读者批评或提出宝贵意见，联系邮箱：13918418470@163.com，联系微信：18049711169。

郭振华、朱少杰、倪红霞

2022 年 10 月 5 日

目　录

图表目录

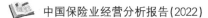

数据来源和指标体系设计

本报告依据各保险公司公开发布的年度报告和季度偿付能力报告中的相关数据,设计了如下五类指标来反映各保险公司的经营状况:

第一类是业务增长指标,用保险业务收入增长率来度量。保险业务收入来自各公司利润表中的营业收入,其实就是指各公司各年度的原保费收入(含分保费收入)。

第二类是盈利指标,包括负债质量指标、资产投资收益指标和公司盈利指标,反映公司的总体盈利状况。寿险公司和财险公司的负债质量指标略有不同,寿险公司的负债质量指标包括总负债成本率、保户储金成本率和总负债营运成本率,财险公司的负债质量指标包括综合赔付率、综合成本率和保险准备金的资金成本率。寿险公司和财险公司的资产投资收益指标相同,包括总投资收益率和综合投资收益率。寿险公司和财险公司的盈利指标相同,包括总资产收益率、净资产收益率和利差(资产负债利差)。

第三类是经营风险指标,反映保险公司的偿付能力风险,用核心偿付能力充足率和综合偿付能力充足率度量。此外,财险公司的经营风险分析指标额外增加了保险风险最低资本占比、市场风险最低资本占比和信用风险最低资本占比。

第四类是寿险公司业务结构保障程度指标,主要反映寿险公司总体业务结构的保障程度或保险姓保程度,用保险风险最低资本占比来度量。

第五类是经风险调整的资本回报率指标,反映公司间可比资本回报率的高低,用最低资本回报率来度量。考虑到不同公司具有不同的偿付能力充足率或不同的资本水平,因此,不同公司的净资产收益率其实可比性较差,因此,本报告用"最低资本回报率=净利润/最低资本平均余额"作为经风险调整的资本回报率指标,将分母统一在同样的偿付能力或资本水平上。

表 1　中国保险业经营分析指标体系

指标类型		财险公司	寿险公司
业务增长指标		保险业务收入增长率	
盈利指标	负债质量指标	综合赔付率	总负债成本率
		综合成本率	保户储金成本率
		保险准备金的资金成本率	总负债营运成本率
	资产投资收益指标	总投资收益率	
		综合投资收益率	
	盈利指标	总资产收益率	
		净资产收益率	
		利差(资产负债利差)	

（续表）

指标类型	财险公司	寿险公司
经营风险指标	核心偿付能力充足率	
	综合偿付能力充足率	
	保险风险最低资本占比	
	市场风险最低资本占比	
	信用风险最低资本占比	
寿险公司业务结构保障程度指标		保险风险最低资本占比
经风险调整的资本回报率指标	最低资本回报率	

第 一 部 分

中国财险业经营分析报告

（一）保险业务收入年增长率

表 2 2017—2021 年财险公司的保险业务收入年增长率及其排名

编号	公司	2017 指标值	排名	2018 指标值	排名	2019 指标值	排名	2020 指标值	排名	2021 指标值	排名
1	人保财险	12.58%	43	10.98%	48	11.42%	41	0.00%	59	3.77%	44
2	平安财险	21.40%	27	14.55%	39	9.48%	50	5.50%	42	−5.53%	61
3	天安财险	2.35%	64	6.48%	59	3.20%	66	N/A	N/A	N/A	N/A
4	太保财险	8.75%	53	12.61%	43	12.88%	39	11.10%	30	3.32%	46
5	国寿财险	10.82%	48	4.38%	63	11.51%	40	12.14%	29	5.93%	33
6	中华联合	0.65%	69	8.65%	53	14.83%	32	8.89%	33	5.32%	36
7	大地财产	16.21%	33	14.37%	40	14.33%	34	−1.16%	60	−9.70%	69
8	阳光财产	17.78%	30	8.34%	55	9.21%	51	−5.61%	68	9.28%	27
9	太平财险	24.34%	26	7.74%	57	11.28%	43	4.88%	47	−1.74%	54
10	众安财产	74.80%	15	89.06%	10	29.92%	15	14.19%	24	21.93%	10
11	华安财险	12.61%	42	6.96%	58	17.79%	27	3.34%	53	4.99%	38
12	中石油专属	19.29%	28	41.86%	17	8.54%	55	27.40%	9	34.77%	4
13	英大财产	−2.04%	74	−6.90%	78	10.97%	44	6.54%	40	16.43%	14
14	华泰财险	14.27%	35	2.86%	66	−4.45%	76	−9.59%	71	8.30%	29
15	中银保险	11.56%	47	4.88%	62	10.54%	46	−22.10%	78	10.79%	26
16	紫金财产	3.05%	62	7.90%	56	17.56%	28	19.51%	18	13.96%	18
17	永安财险	−6.39%	75	23.33%	28	12.98%	38	−10.52%	72	3.74%	45
18	鼎和财产	26.10%	23	11.53%	47	10.39%	47	−3.45%	64	14.80%	17
19	诚泰财产	12.14%	46	17.85%	34	24.64%	23	24.50%	12	0.81%	48
20	国任财险	−0.08%	71	26.12%	24	18.17%	26	28.18%	8	67.41%	2
21	安盛天平	0.18%	70	−21.97%	80	9.02%	52	7.27%	38	−19.87%	76
22	安诚财险	10.67%	49	−0.82%	72	9.53%	49	−15.36%	75	8.63%	28
23	泰康在线	145.39%	10	78.28%	11	73.74%	6	82.83%	1	−23.86%	77
24	国元农业	16.84%	32	22.34%	29	−0.65%	72	16.84%	19	26.43%	8
25	永诚保险	1.79%	65	−3.30%	73	4.69%	63	12.16%	28	3.90%	43
26	富德财产	14.31%	34	12.04%	46	5.45%	60	24.52%	11	−18.65%	73
27	亚太财险	9.66%	51	19.85%	32	28.17%	17	5.49%	43	11.26%	22

（续表）

		2017		2018		2019		2020		2021	
28	浙商财产	6.73%	57	18.46%	33	−5.46%	80	−25.58%	79	−2.69%	58
29	都邦保险	4.77%	59	−8.66%	79	0.27%	71	−1.87%	62	−6.15%	63
30	泰山财险	12.18%	45	12.18%	45	30.57%	14	4.54%	48	5.48%	35
31	众诚保险	14.26%	36	9.86%	51	21.38%	24	9.02%	32	20.73%	11
32	安华农业	9.93%	50	0.31%	70	11.32%	42	1.58%	57	−3.25%	59
33	渤海财险	30.42%	22	3.55%	64	−7.03%	81	−13.63%	74	10.92%	24
34	铁路自保	13.73%	38	51.35%	14	−53.76%	85	5.34%	44	4.70%	39
35	阳光农业	7.25%	56	3.28%	65	−1.26%	74	13.69%	25	7.39%	31
36	国泰财产	100.26%	13	195.34%	4	25.34%	22	25.06%	10	−19.01%	75
37	恒邦财产	13.21%	40	37.59%	19	51.97%	10	8.59%	34	12.29%	20
38	黄河财险	N/A	N/A	N/A	N/A	60.06%	8	44.35%	4	46.04%	3
39	华农财险	73.19%	16	29.43%	21	20.03%	25	12.99%	27	8.22%	30
40	劳合社	3.85%	60	−29.38%	81	−11.12%	82	−38.35%	82	−24.53%	78
41	安信农业	8.40%	54	10.37%	49	14.59%	33	2.89%	56	12.11%	21
42	华海财产	31.05%	21	31.20%	20	3.68%	65	−4.87%	67	4.14%	42
43	锦泰财产	12.56%	44	22.32%	30	8.87%	54	6.69%	39	0.06%	50
44	长安责任	−0.26%	72	−3.74%	75	−5.04%	78	22.26%	16	−6.12%	62
45	北部湾财产	36.81%	19	38.36%	18	9.00%	53	16.83%	20	−0.58%	52
46	阳光信保	290.39%	7	97.55%	7	−39.25%	84	−83.45%	83	−45.46%	80
47	中远海自保	N/A	N/A	114.03%	5	27.20%	19	15.18%	23	−4.03%	60
48	中原农业	103.29%	12	48.44%	16	45.42%	12	3.61%	52	16.89%	13
49	京东安联	13.09%	41	15.28%	38	103.81%	3	48.90%	3	30.90%	5
50	中煤财产	7.59%	55	5.98%	60	5.59%	58	24.03%	13	15.44%	16
51	美亚保险	0.99%	67	13.47%	42	−3.90%	75	0.68%	58	−2.06%	56
52	燕赵财产	36.52%	20	−3.60%	74	2.62%	67	33.93%	5	16.33%	15
53	中航安盟	13.78%	37	10.06%	50	−5.42%	79	6.25%	41	6.92%	32
54	三星产险	1.58%	66	0.32%	69	−1.01%	73	3.06%	55	−10.72%	70
55	苏黎世	9.53%	52	−6.48%	77	1.38%	69	7.33%	37	4.35%	41
56	海峡金桥	1074.13%	4	17.29%	37	10.92%	45	16.21%	21	5.18%	37
57	中意财产	18.98%	29	25.28%	25	15.38%	31	7.90%	36	12.56%	19
58	三井住友	6.57%	58	9.53%	52	9.58%	48	4.38%	50	−7.20%	64

（续表）

		2017		2018		2019		2020		2021	
59	史带财产	42.76%	18	25.15%	26	25.42%	21	13.08%	26	−16.42%	72
60	利宝互助	24.54%	25	27.81%	23	16.14%	30	5.32%	45	5.75%	34
61	鑫安汽车	24.57%	24	27.98%	22	29.61%	16	−2.52%	63	−2.04%	55
62	长江财产	−8.55%	77	0.08%	71	−4.59%	77	−15.60%	76	−8.27%	65
63	爱和谊	17.53%	31	17.55%	36	5.24%	62	5.14%	46	−2.68%	57
64	现代财产	−20.36%	78	0.90%	68	8.46%	56	15.55%	22	135.18%	1
65	久隆财产	353.20%	6	−34.39%	82	27.72%	18	−4.00%	66	−40.80%	79
66	易安保险	278.77%	8	52.60%	13	−18.82%	83	N/A	N/A	N/A	N/A
67	中路财产	188.62%	9	112.40%	6	13.48%	37	10.60%	31	26.35%	9
68	众惠相互	N/A	N/A	472.12%	3	92.98%	4	−12.68%	73	−15.48%	71
69	东海航运	131.24%	11	8.34%	54	56.98%	9	23.73%	15	N/A	N/A
70	前海联合	1751.98%	2	50.60%	15	47.00%	11	−5.94%	69	−9.04%	67
71	日本财产	−0.61%	73	1.98%	67	6.94%	57	8.11%	35	2.01%	47
72	安达保险	53.40%	17	20.17%	31	16.89%	29	3.26%	54	−73.38%	81
73	东京海上	2.46%	63	17.66%	35	5.42%	61	−1.57%	61	0.28%	49
74	融盛财险	N/A	N/A	N/A	N/A	805.32%	1	28.80%	6	18.40%	12
75	珠峰财险	1465.90%	3	12.35%	44	13.58%	36	4.41%	49	4.68%	40
76	建信财产	89357.62%	1	57.04%	12	42.95%	13	−6.14%	70	27.69%	6
77	安心财产	955.07%	5	92.60%	8	77.74%	5	−35.40%	81	−78.75%	82
78	富邦财险	0.96%	68	−5.77%	76	1.15%	70	19.78%	17	−9.29%	68
79	瑞再企商	13.52%	39	24.17%	27	5.54%	59	4.20%	51	10.87%	25
80	汇友互助	N/A	N/A	662.49%	1	166.99%	2	65.82%	2	27.65%	7
81	广东能源自保	N/A	N/A	491.41%	2	1.49%	68	28.33%	7	−1.17%	53
82	合众财产	88.79%	14	90.61%	9	26.73%	20	−17.29%	77	−18.77%	74
83	太平科技	N/A	N/A	N/A	N/A	72.38%	7	23.99%	14	−9.00%	66
84	凯本财险	−6.56%	76	13.55%	41	13.64%	35	−3.49%	65	10.97%	23
85	日本兴亚	3.55%	61	5.59%	61	3.90%	64	−28.55%	80	−0.55%	51

注：1. 指标值根据各家财险公司历年财报整理得到，降序排名；

2. N/A 表示数据缺失，这与公司尚未开业经营或未按期披露财报有关。

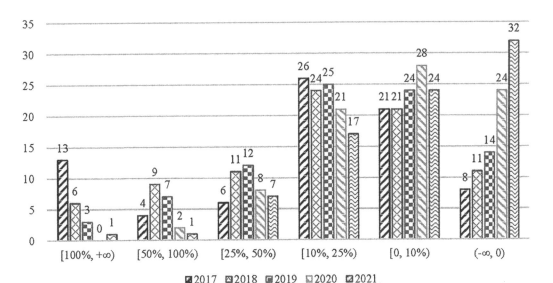

图1 2017—2021年财险公司的保险业务收入年增长率的区间分布

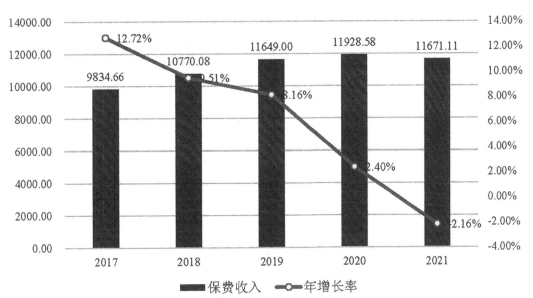

图2 2017—2021年财险业的保费收入及其年增长率（单位：亿元）

数据来源：Wind。

1. 指标计算公式

$$第~t~年保险业务收入年增长率=\frac{保险业务收入_t-保险业务收入_{t-1}}{保险业务收入_{t-1}}$$

（公式 1）

2. 指标分析

分析样本共包括 85 家财险公司,由于大家财险一直未披露财务年报,因而它没有出现在表 2 中。按照近 5 年的总投资资产均值,对这 84 家财险公司进行顺序排位,并赋予每家公司的编号。需要说明的是,有些公司 2017 年之后开业,有些公司在 2017 年后暂停年报披露,我们对这些公司按数据可得性测算它们的总投资资产均值。按公式 1 测算出每家财险公司 2017～2021 年的保险业务收入年增长率,逐年排名并列示在表 2 中。

不同的财险公司因发展阶段的不同,使得保险业务收入年增长率有极大的分化表现。经营期间较长的公司保险业务收入年增长率相对稳定,而初创期的公司保险业务收入年增长率波动剧烈。尤其在成立后次年的财报年度,初创期的财险公司往往有几倍乃至上百倍的业务增速,但在后续年度会有快速回落,甚至出现很高的负增长。业务规模的大起大落是财险公司不得不需要经历的"成长烦恼",随着业务类型和经营模式在摸索中趋于成熟,保险业务收入的波动自然而然会不断收窄。

财险公司保险业务收入年增长率的变动还受行业周期效应的影响。图1整理了每年的保险业务收入年增长率的区间分布情况。不难看出,从 2017 年至 2021 年,保险业务收入年增长率的区间分布已经发生了向下偏移,落入低增长率区间的公司数目在逐年增加,特别是处于负增长区间(−∞, 0]上的公司数目有大幅攀升。这与财险行业正处于发展瓶颈期不无相关,尤其是 2020 年以来新冠肺炎疫情引致经济运行不畅,以及 2020 年 9 月车险综合改革后车险保费整体下调,这使得 2021 年全行业出现了负增长(参见图2)。受累于行业不景气,近四成财险公司出现业务负增长。随着疫情趋于缓和,经济回暖复苏,财险公司业务也将度过发展受阻的困境。

（二）综合赔付率

表 3　2017—2021 年财险公司的综合赔付率及其排名

编号	公司	2017		2018		2019		2020		2021	
		指标值	排名	指标值	排名	指标值	排名	指标值	排名	指标值	排名
1	人保财险	58.15%	39	61.98%	51	65.90%	56	66.22%	58	73.62%	57
2	平安财险	56.58%	31	54.84%	27	57.28%	35	60.59%	37	67.05%	32
3	天安财险	54.46%	21	58.48%	42	53.88%	24	N/A	N/A	N/A	N/A
4	太保财险	59.92%	45	56.19%	34	60.18%	43	61.39%	40	69.61%	41
5	国寿财险	62.98%	52	62.38%	52	62.64%	51	61.91%	44	74.21%	61
6	中华联合	62.26%	51	70.48%	64	80.40%	71	62.96%	49	70.88%	46
7	大地财产	55.89%	29	55.61%	32	56.76%	32	61.84%	43	70.90%	47

（续表）

		2017		2018		2019		2020		2021	
8	阳光财产	52.90%	16	53.24%	20	56.77%	33	58.36%	32	66.62%	30
9	太平财险	52.27%	13	53.87%	24	50.41%	18	55.34%	20	70.95%	48
10	众安财产	59.51%	44	59.97%	47	67.36%	60	54.10%	17	57.57%	16
11	华安财险	54.08%	19	57.46%	38	57.08%	34	58.19%	31	65.30%	26
12	中石油专属	82.83%	71	76.44%	70	70.09%	63	73.44%	69	83.61%	68
13	英大财产	65.79%	60	60.59%	49	49.39%	15	58.82%	34	60.72%	23
14	华泰财险	52.44%	14	52.06%	17	49.78%	17	48.45%	8	52.30%	12
15	中银保险	58.28%	41	54.87%	28	53.29%	22	61.66%	41	62.43%	25
16	紫金财产	57.79%	38	51.90%	16	56.25%	31	56.83%	26	65.49%	27
17	永安财险	61.50%	46	55.11%	29	56.22%	30	62.94%	48	65.58%	28
18	鼎和财产	54.68%	24	58.77%	44	57.29%	36	55.41%	21	54.54%	14
19	诚泰财产	54.84%	25	54.55%	25	62.35%	50	78.16%	72	79.82%	66
20	国任财险	57.08%	35	47.71%	8	52.43%	20	61.77%	42	72.67%	55
21	安盛天平	54.94%	26	55.26%	30	57.44%	37	60.82%	38	66.56%	29
22	安诚财险	64.67%	57	64.84%	57	70.88%	64	72.96%	67	74.11%	60
23	泰康在线	55.36%	28	57.31%	37	58.19%	39	46.46%	6	52.13%	11
24	国元农业	79.56%	69	86.45%	74	82.70%	74	84.10%	74	83.95%	69
25	永诚保险	53.36%	17	57.51%	39	57.73%	38	58.04%	28	68.09%	36
26	富德财产	56.86%	33	53.11%	19	78.10%	69	65.75%	57	70.51%	45
27	亚太财险	54.13%	20	48.09%	9	53.21%	21	56.40%	24	68.04%	34
28	浙商财产	67.95%	62	65.86%	58	66.02%	58	65.70%	55	71.91%	52
29	都邦保险	54.48%	22	58.25%	41	60.03%	42	58.17%	29	69.30%	39
30	泰山财险	56.74%	32	56.26%	35	64.74%	54	64.02%	52	72.29%	53
31	众诚保险	55.04%	27	51.10%	14	53.96%	25	58.18%	30	69.81%	43
32	安华农业	65.57%	59	73.30%	66	70.07%	62	70.84%	62	78.15%	64
33	渤海财险	62.13%	49	67.81%	62	86.05%	76	62.74%	47	84.20%	70
34	铁路自保	26.57%	1	31.87%	1	24.38%	2	39.91%	4	25.66%	2
35	阳光农业	69.43%	66	73.70%	67	85.15%	75	81.86%	73	79.99%	67

（续表）

		2017		2018		2019		2020		2021	
36	国泰财产	70.27%	68	74.29%	68	65.63%	55	64.83%	53	75.79%	62
37	恒邦财产	63.87%	53	57.72%	40	54.25%	26	60.55%	36	69.58%	40
38	黄河财险	N/A	N/A	−76.70%	—	136.16%	80	328.77%	81	177.09%	79
39	华农财险	47.29%	9	50.11%	11	66.25%	59	54.53%	18	67.58%	33
40	劳合社	—	—	—	—	—	—	—	—	—	—
41	安信农业	64.16%	54	66.26%	59	74.77%	65	73.26%	68	84.73%	71
42	华海财产	61.74%	48	59.56%	46	59.21%	41	56.92%	27	72.29%	54
43	锦泰财产	57.10%	36	62.94%	53	65.93%	57	67.15%	59	71.62%	51
44	长安责任	64.59%	55	111.50%	79	63.35%	52	63.11%	51	69.70%	42
45	北部湾财产	49.41%	11	58.70%	43	68.76%	61	65.49%	54	77.59%	63
46	阳光信保	68.17%	63	78.50%	72	302.12%	84	821.94%	82	−35.47%	—
47	中远海自保	319.14%	80	228.03%	82	220.47%	83	159.90%	77	124.41%	75
48	中原农业	67.86%	61	67.64%	61	55.42%	28	63.09%	50	73.85%	59
49	京东安联	44.24%	6	49.57%	10	56.17%	29	55.89%	23	70.04%	44
50	中煤财产	58.72%	42	55.64%	33	61.07%	47	47.73%	7	58.31%	17
51	美亚保险	38.29%	4	59.04%	45	44.42%	8	36.19%	2	40.52%	4
52	燕赵财产	86.26%	72	56.36%	36	74.86%	67	67.57%	60	58.99%	19
53	中航安盟	58.18%	40	64.07%	55	60.84%	46	72.34%	64	73.65%	58
54	三星产险	61.61%	47	60.56%	48	59.07%	40	62.41%	45	71.25%	49
55	苏黎世	97.70%	76	47.42%	7	55.16%	27	62.67%	46	51.79%	10
56	海峡金桥	95.62%	75	79.72%	73	79.24%	70	70.23%	61	110.01%	73
57	中意财产	68.92%	65	55.47%	31	53.76%	23	50.60%	12	43.18%	5
58	三井住友	56.95%	34	51.84%	15	49.74%	16	53.52%	16	53.54%	13
59	史带财产	51.31%	12	53.62%	23	39.82%	6	38.33%	3	59.08%	20
60	利宝互助	62.14%	50	60.60%	50	61.22%	48	56.58%	25	59.74%	22
61	鑫安汽车	68.89%	64	67.14%	60	74.84%	66	72.49%	65	59.13%	21
62	长江财产	69.99%	67	69.25%	63	61.33%	49	76.58%	70	128.76%	76
63	爱和谊	54.49%	23	51.05%	13	50.46%	19	49.44%	9	68.04%	35

（续表）

		2017		2018		2019		2020		2021	
64	现代财产	46.77%	8	54.61%	26	48.15%	13	65.71%	56	79.18%	65
65	久隆财产	89.98%	73	72.54%	65	44.84%	9	50.12%	10	46.71%	6
66	易安保险	47.92%	10	63.11%	54	26.94%	3	N/A	N/A	N/A	N/A
67	中路财产	59.31%	43	64.46%	56	81.21%	73	58.38%	33	71.54%	50
68	众惠相互	38.73%	5	42.42%	4	23.56%	1	25.68%	1	56.63%	15
69	东海航运	115.36%	77	90.19%	75	80.54%	72	126.86%	76	N/A	N/A
70	前海联合	31.44%	2	41.61%	3	40.05%	7	59.81%	35	51.42%	8
71	日本财产	64.67%	56	53.02%	18	47.03%	11	53.03%	15	51.48%	9
72	安达保险	31.96%	3	33.35%	2	28.90%	4	40.96%	5	34.44%	3
73	东京海上	57.37%	37	53.37%	21	48.23%	14	52.45%	14	48.36%	7
74	融盛财险	N/A	N/A	138.48%	81	145.12%	81	71.76%	63	86.14%	72
75	珠峰财险	79.64%	70	77.29%	71	100.31%	78	55.09%	19	58.50%	18
76	建信财产	129.34%	79	44.11%	5	63.97%	53	72.57%	66	62.24%	24
77	安心财产	65.02%	58	91.02%	76	110.58%	79	222.94%	80	21.89%	1
78	富邦财险	56.04%	30	50.84%	12	60.78%	45	55.58%	22	72.99%	56
79	瑞再企商	53.95%	18	116.21%	80	45.43%	10	77.38%	71	66.78%	31
80	汇友互助	45.46%	7	109.00%	78	38.25%	5	50.90%	13	68.23%	37
81	广东能源自保	−7.38%	—	−152.04%	—	150.65%	82	210.45%	79	371.50%	80
82	合众财产	52.60%	15	47.22%	6	60.36%	44	61.32%	39	111.97%	74
83	太平科技	N/A	N/A	75.12%	69	94.77%	77	94.11%	75	132.03%	77
84	凯本财险	94.82%	74	106.30%	77	76.26%	68	190.68%	78	150.85%	78
85	日本兴亚	119.30%	78	53.59%	22	48.00%	12	50.40%	11	68.35%	38

注：1. 指标值根据各家财险公司历年财报整理得到，升序排名；

2. N/A表示数据缺失，这与公司尚未开业经营或未按期披露财报有关；

3. 由于劳合社的各年已赚保费为零或接近于零，使得综合赔付率无法算出或取极大值，为此不对它排名；

4. 将取负值的综合赔付率异常值（阳光信保，2021年；黄河财险，2018年；广东能源自保，2017年和2018年）剔除出排名序列。

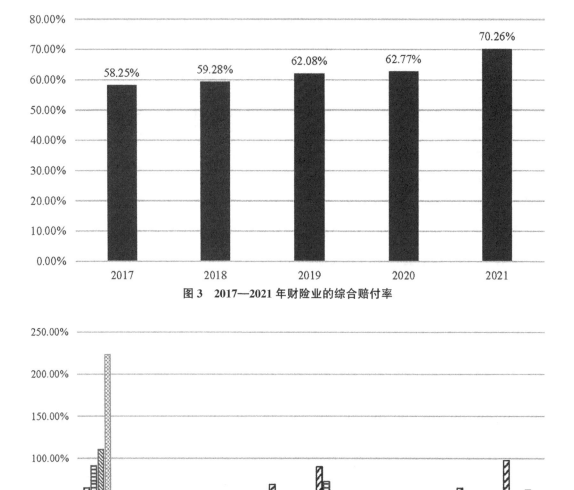

图 3　2017—2021 年财险业的综合赔付率

图 4　2021 年综合赔付率排名前十的财险公司的指标演化趋势

1. 指标计算公式

$$综合赔付率 = \frac{风险成本}{已赚保费}$$

（公式 2）

其中,风险成本＝赔付支出－摊回赔付支出＋提取/转回保险责任准备金－摊回保险责任准备金＋提取/转回农险责任准备金（保费准备金）＋提取/转回巨灾风险准备金＋提取/转回城乡居民住宅地震巨灾保险准备金＋保单红利支出。

2. 指标分析

综合赔付率是衡量保险公司赔付成本的关键指标,反映了每1元的已赚保费中用于赔付支出有多少。赔付成本是保险公司经营成本的重要组成部分,综合赔付率的理想取值范围是大于零且小于65%。

考察2017—2021年85家财险公司的综合赔付率后,发现共有4个取负值的异常值,分别是2017年和2018年的广东能源自保、2018年的黄河财险以及2021年的阳光信保的综合赔付率。其中,广东能源自保和黄河财险是由于已赚保费取负值而导致综合赔付率为负,阳光信保则是由于风险成本取负值而导致综合赔付率为负。已赚保费＝保险业务收入－分出保费－提取未到期责任准备金。由于提取未到期责任准备金基本上按时间比例法(如1/2法、1/8法、1/24法和1/365法)进行,不存在过多计提的可能,因此,已赚保费取负值跟等式右边的前两项有关。负的已赚保费意味着保险公司直保和再保分入的保费收入扣除再保分出保费、提取自留业务的未满期保费后的余额为负,这反映出保险公司的保险定价不足。负的已赚保费跟它们开业初期运营经验不足有关,广东能源自保和黄河财险的成立时间分别是2017年11月和2018年1月。阳光信保出现负的风险成本是由于大量转回保险责任准备金引起的,这说明它对主营的保证险和信用险业务前期提取的未决赔款准备金(包括已发生已报案未决赔款准备金、已发生未报案未决赔款准备金和理赔费用准备金)过高。另外,劳合社的业务模式相对特殊,基本上只做再保业务不做直保业务,且对分入业务全部再保分出,这使得它的已满期保费为零或接近于零,导致它的综合赔付率无法算出或取极大值。鉴于此,表3没有列出劳合社的指标值。

剔除上述异常值后,我们对保留有效值的财险公司逐年按升序排名,结果如表3所示。查看5年内的指标变动趋势,发现绝大多数公司的综合赔付率在65%的理想临界值附近波动,对于经营期限长的公司而言更为明显,这使得它们的排名也相对稳定。总体而言,新成立公司的综合赔付率偏高,甚至会超过100%,波动性也较大。行业整体的综合赔付率有小幅上涨的态势,2021年的涨幅尤为突出(参见图3)。2020年9月,车险综合改革启动,银保监会设定了"降价、增保、提质"的阶段性目标。随着改革目标逐步落实,引发赔付支出增大,拉动整个行业赔付成本上扬。

进一步,我们筛选出2021年综合赔付率排名前十的财险公司开展子样本分析。如图4所示,2021年综合赔付率排名靠前都是中小公司。除安心财险外,其余9家公司呈现出向好的指标演化趋势,说明它们在赔付成本管理方面做得很出色,能够通过严控核保、理赔、再保分出等承保环节来控制赔付支出。尽管安心财险2021年的综合赔付率低至21.89%,排名第一,但是之前几年的指标值呈现出逐年恶化态势,短期出现大反转不得不令人生疑。查看安心财险2021年年报发现,指标好转是源自高额的保险责任准备金的转回而非承保管理的改进。

（三）综合成本率

表 4 2017—2021 年财险公司的综合成本率及其排名

编号	公司	2017 指标值	排名	2018 指标值	排名	2019 指标值	排名	2020 指标值	排名	2021 指标值	排名
1	人保财险	90.61%	3	98.45%	15	98.95%	20	99.34%	16	99.90%	19
2	平安财险	96.49%	8	96.27%	11	95.49%	16	99.64%	17	98.61%	16
3	天安财险	107.58%	38	112.79%	55	111.08%	58	N/A	N/A	N/A	N/A
4	太保财险	99.34%	12	99.38%	17	98.30%	18	99.71%	18	99.52%	18
5	国寿财险	101.48%	20	102.44%	28	102.44%	33	103.70%	34	105.52%	37
6	中华联合	102.14%	24	117.70%	60	123.35%	66	97.75%	13	98.26%	15
7	大地财产	99.92%	13	100.41%	23	99.17%	22	105.26%	40	105.67%	40
8	阳光财产	100.41%	14	99.53%	19	100.64%	27	101.35%	24	105.53%	38
9	太平财险	100.88%	19	100.63%	24	100.26%	25	104.76%	36	107.89%	49
10	众安财产	134.27%	61	120.08%	63	110.50%	56	103.71%	35	101.91%	26
11	华安财险	106.39%	34	108.36%	44	105.74%	41	105.85%	45	106.28%	41
12	中石油专属	107.08%	36	109.42%	47	99.22%	23	97.58%	12	95.96%	14
13	英大财产	100.55%	16	95.41%	9	84.77%	5	92.64%	8	93.45%	12
14	华泰财险	100.53%	15	103.12%	30	101.29%	30	100.86%	22	101.70%	25
15	中银保险	106.39%	33	99.50%	18	102.84%	35	100.23%	20	101.15%	22
16	紫金财产	106.58%	35	104.91%	34	105.01%	40	104.84%	37	102.92%	28
17	永安财险	104.38%	29	103.86%	33	99.56%	24	101.72%	26	105.01%	35
18	鼎和财产	96.12%	7	94.24%	7	89.81%	7	87.80%	3	81.33%	3
19	诚泰财产	122.09%	55	118.95%	61	123.71%	67	128.66%	67	118.80%	68
20	国任财险	117.70%	54	111.46%	51	106.75%	45	106.66%	48	105.61%	39
21	安盛天平	106.23%	32	110.87%	50	110.37%	55	108.27%	52	112.59%	60
22	安诚财险	108.62%	41	108.47%	45	114.98%	60	110.90%	56	108.21%	51
23	泰康在线	160.66%	65	135.41%	70	121.69%	65	116.44%	62	107.41%	45
24	国元农业	99.28%	11	103.23%	32	102.49%	34	102.48%	31	101.42%	23
25	永诚保险	103.01%	26	109.80%	48	103.38%	36	106.58%	47	101.09%	21
26	富德财产	111.70%	48	110.31%	49	148.67%	75	118.42%	63	111.37%	57
27	亚太财险	110.32%	45	106.60%	40	105.74%	42	104.94%	38	114.96%	64

（续表）

		2017		2018		2019		2020		2021	
28	浙商财产	128.79%	60	112.59%	54	109.81%	52	109.69%	55	111.40%	58
29	都邦保险	105.50%	31	106.22%	39	109.83%	53	108.19%	51	110.95%	56
30	泰山财险	111.64%	47	107.32%	41	109.93%	54	111.69%	57	116.87%	66
31	众诚保险	108.63%	42	103.14%	31	107.60%	47	112.41%	58	113.36%	61
32	安华农业	102.67%	25	114.64%	56	98.80%	19	101.79%	27	102.95%	29
33	渤海财险	112.23%	50	108.89%	46	126.15%	69	107.74%	49	122.31%	69
34	铁路自保	79.62%	1	83.29%	3	75.11%	3	91.02%	6	86.12%	6
35	阳光农业	92.53%	4	97.34%	12	104.36%	37	100.86%	23	100.02%	20
36	国泰财产	111.72%	49	102.80%	29	102.27%	31	102.03%	29	101.60%	24
37	恒邦财产	123.26%	57	116.74%	57	112.70%	59	114.76%	60	113.80%	63
38	黄河财险	N/A	N/A	−428.82%	—	381.35%	81	473.68%	80	275.20%	78
39	华农财险	108.35%	40	105.67%	37	115.55%	61	105.39%	42	104.53%	34
40	劳合社	—	—	—	—	—	—	—	—	—	—
41	安信农业	94.16%	5	94.48%	8	94.72%	12	96.91%	10	107.89%	50
42	华海财产	125.69%	59	116.92%	58	100.90%	29	106.28%	46	103.99%	32
43	锦泰财产	108.12%	39	105.35%	35	106.19%	43	108.03%	50	106.28%	42
44	长安责任	110.89%	46	186.31%	77	100.64%	28	109.14%	54	108.92%	53
45	北部湾财产	101.58%	21	102.10%	27	106.23%	44	102.79%	32	109.44%	55
46	阳光信保	318.94%	77	185.93%	76	421.12%	82	966.14%	82	534.81%	80
47	中远海自保	252.44%	76	15.58%	1	29.70%	1	12.08%	1	−30.59%	1
48	中原农业	100.81%	18	100.39%	22	100.46%	26	98.38%	14	107.62%	47
49	京东安联	101.85%	23	99.97%	20	104.63%	38	101.96%	28	107.11%	44
50	中煤财产	117.02%	53	108.34%	43	109.37%	50	105.73%	44	106.61%	43
51	美亚保险	82.95%	2	81.74%	2	68.48%	2	50.86%	2	60.53%	2
52	燕赵财产	170.41%	68	121.25%	64	131.58%	72	120.61%	65	105.09%	36
53	中航安盟	101.75%	22	101.40%	25	102.29%	32	108.61%	53	104.30%	33
54	三星产险	104.91%	30	98.30%	13	95.08%	15	92.20%	7	90.72%	11
55	苏黎世	135.72%	62	90.91%	5	91.92%	8	98.47%	15	86.36%	7
56	海峡金桥	240.02%	74	150.18%	73	148.13%	74	137.43%	70	165.27%	73
57	中意财产	146.97%	64	118.96%	62	110.83%	57	105.52%	43	98.82%	17
58	三井住友	94.90%	6	92.30%	6	94.98%	14	97.02%	11	95.58%	13

（续表）

		2017		2018		2019		2020		2021	
59	史带财产	98.72%	9	102.05%	26	98.24%	17	102.30%	30	109.12%	54
60	利宝互助	109.43%	43	106.07%	38	104.82%	39	101.36%	25	107.86%	48
61	鑫安汽车	100.62%	17	88.58%	4	89.25%	6	99.83%	19	84.99%	4
62	长江财产	122.81%	56	128.21%	65	126.04%	68	135.41%	69	178.63%	74
63	爱和谊	99.07%	10	98.66%	16	99.02%	21	100.31%	21	103.41%	30
64	现代财产	109.72%	44	108.29%	42	109.54%	51	150.94%	73	180.22%	75
65	久隆财产	193.59%	70	129.39%	67	93.34%	11	90.94%	5	86.08%	5
66	易安保险	116.02%	52	128.86%	66	117.15%	62	N/A	N/A	N/A	N/A
67	中路财产	167.71%	67	130.85%	68	139.52%	73	119.17%	64	107.43%	46
68	众惠相互	729.61%	79	134.23%	69	121.05%	64	112.86%	59	112.08%	59
69	东海航运	247.23%	75	254.07%	78	177.30%	77	229.78%	78	N/A	N/A
70	前海联合	125.06%	58	112.30%	53	107.07%	46	105.38%	41	103.89%	31
71	日本财产	107.24%	37	95.90%	10	91.94%	9	90.69%	4	87.85%	9
72	安达保险	103.96%	28	112.27%	52	94.96%	13	103.33%	33	86.48%	8
73	东京海上	103.11%	27	100.10%	21	93.28%	10	95.89%	9	88.91%	10
74	融盛财险	N/A	N/A	6122.83%	82	280.76%	80	196.94%	76	144.83%	70
75	珠峰财险	230.11%	73	143.58%	72	180.90%	78	116.07%	61	115.21%	65
76	建信财产	432.20%	78	136.50%	71	131.09%	71	125.16%	66	108.32%	52
77	安心财产	193.89%	71	176.29%	75	153.71%	76	256.52%	79	159.38%	72
78	富邦财险	113.07%	51	105.43%	36	108.28%	48	105.19%	39	118.63%	67
79	瑞再企商	221.31%	72	260.73%	79	108.35%	49	150.01%	72	219.00%	77
80	汇友互助	18373.81%	80	2238.43%	81	431.37%	83	156.82%	74	113.37%	62
81	广东能源自保	−192.59%	—	−297.63%	—	690.82%	84	762.44%	81	930.32%	81
82	合众财产	161.09%	66	153.15%	74	129.08%	70	145.04%	71	195.88%	76
83	太平科技	N/A	N/A	333.56%	80	227.26%	79	208.31%	77	281.70%	79
84	凯本财险	142.36%	63	98.31%	14	82.65%	4	185.75%	75	102.11%	27
85	日本兴亚	193.54%	69	117.15%	59	119.88%	63	133.35%	68	157.97%	71

注：1. 指标值根据各家财险公司历年财报整理得到，升序排名；

2. N/A表示数据缺失，这与公司尚未开业经营或未按期披露财报有关；

3. 由于劳合社的各年已赚保费为零或接近于零，使得综合成本率无法算出或取极大值，为此不对它排名；

4.将因已赚保费取负值导致的负的综合成本率异常值(黄河财险,2018 年;广东能源自保,2017 年和 2018 年)剔除出排名序列。

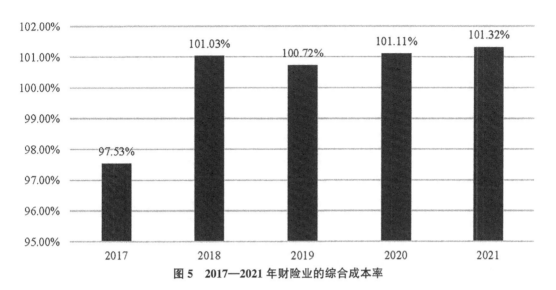

图 5　2017—2021 年财险业的综合成本率

表 5　2021 年综合成本率排名前十的财险公司的指标演化趋势

公司	2017	2018	2019	2020	2021
中远海自保	252.44%	15.58%	29.70%	12.08%	-30.59%
美亚保险	82.95%	81.74%	68.48%	50.86%	60.53%
鼎和财产	96.12%	94.24%	89.81%	87.80%	81.33%
鑫安汽车	100.62%	88.58%	89.25%	99.83%	84.99%
久隆财产	193.59%	129.39%	93.34%	90.94%	86.08%
铁路自保	79.62%	83.29%	75.11%	91.02%	86.12%
苏黎世	135.72%	90.91%	91.92%	98.47%	86.36%
安达保险	103.96%	112.27%	94.96%	103.33%	86.48%
日本财产	107.24%	95.90%	91.94%	90.69%	87.85%
东京海上	103.11%	100.10%	93.28%	95.89%	88.91%

1. 指标计算公式

$$综合成本率 = \frac{风险成本 + 运营成本}{已赚保费}$$

(公式 3)

其中,

风险成本=赔付支出-摊回赔付支出+提取/转回保险责任准备金-摊回保险责任准备

金＋提取/转回农险责任准备金(保费准备金)＋提取/转回巨灾风险准备金＋提取/转回城乡居民住宅地震巨灾保险准备金＋保单红利支出；

营运成本＝税金及附加＋手续费及佣金支出＋业务及管理费＋分保费用－摊回分保费用＋其他运营成本＋利息支出(财务费用)，

其中，其他运营成本＝资产减值损失＋信用减值损失－投资资产减值损失。

2. 指标分析

综合成本率是度量财险公司承保业务的经营绩效的重要指标，综合成本率取值越低表明承保利润越高。当综合成本率小于100%时，表明保险公司能获得承保利润；当综合成本率大于100%时，说明保险公司存在承保亏损。需要说明的是，这里的计算公式与2015年原保监会制定的《保险公司经营评价指标体系(试行)》的算法有略微差异。一方面，我们结合会计分录设置的优化情况，增加了一些体现业务核算精细化要求的会计科目，例如，提取/转回农险责任准备金(保费准备金)、提取/转回巨灾风险准备金、提取/转回城乡居民住宅地震巨灾保险准备金和保单红利支出等。另一方面，改进了运营成本的核算方法，把"非投资资产的减值损失"和"与承保业务有关的财务费用"计入运营成本。

表4列出了2017—2020年85家财险公司综合成本率的计算结果。不难发现，绝大多数公司多数年份上的综合成本率是略超100%的，更有公司因承保业务经营不善致使综合成本率高抬至200%以上。然而，在行业普遍承保亏损的大背景下，人保财险、平安财险、太保财险、鼎和财产、铁路自保、美亚保险和三井住友的承保绩效尤其亮丽，它们在5个考察年度上有综合成本率连续小于100%的优异表现。头部险企因经营资历深厚，谙熟于业务经营管理之道，研判并把握行业发展趋势的能力更强，获得承保盈利自然是水到渠成的事。少数中小险企在行业承保普亏的大局下能够独善其身，实属不易，说明它们有明确的经营定力，精耕于自身擅长的市场细分领域，能够通过控制业务质量来获得承保盈利。

沿用之前的综合赔付率分析思路，我们对于综合成本率的异常值在年度排名前予以剔除。对于负的综合成本率作了区分处理，剔除由负的已赚保费引起的综合成本率负值数据，但保留其余情形下的综合成本率负值数据。如前所述，负的已赚保费是由保险业务定价不足引发的，暴露出公司的经营管理能力欠佳的问题。鉴于综合成本率按升序排名，负的已赚保费在排名时容易拔得头筹，若将由于负的已赚保费引起的负的综合成本率纳入排名序列，这显然与"优先劣后"的排名初衷背道而驰。此外，如果运营成本取很大的负值也可能导致综合成本率取负值，中远海自保在2021年就出现了上述不多见的情形，我们对于这类负的综合成本率数据予以保留。依据运营成本的计算公式，不难推出高额的摊回分保费用是导致运营成本取负值的根源。由于摊回分保费用表现为再保分出时再保险人支付给再保险分出人的分保佣金、利润分享佣金等费用，财险公司若把承保业务采用比例再保险方式大量分出时，就可从再保险人那里获得高额的摊回分保费用，起到弥补甚至反超分出业务的业务获取成本的效果，从而使运营成本取低值甚至负值。上述情形就是再保险学中所谓的盈余缓释效应(surplus relief)。显然，财险公司依托再保险改善承保绩效的做法值得推崇，中远海自保的综合成本率能够保持低位运行正是受益于盈余缓释效应。此外,由于劳合社的各年已赚保费等于零或接近于零,致使它的综合成本率无法算出或取极大值,因而我们对劳合社的指标值作剔除处理。

为了考察行业整体的演化趋势,我们逐年汇总所有公司数据后测算了整个财险业的综合成本率,并绘制出如图 5 所示的柱状图。依据图 5,2018 年以来财险业的综合成本率稳定在 101%左右,表明行业整体处于承保业务微亏的局面。对照图 3,2017 年以来财险业的赔付支出呈现出逐年上涨的趋势,由于同期综合成本率企稳,这意味着财险业的运营成本在逐年下调,财险公司的运营成本管理整体上(尤其是在销售费用管控上)在向好发展。

最后,把 2021 年综合成本率排名前十的财险公司单独列表,查看它们近 5 年的指标演化趋势,结果如表 5 所示。2021 年位列前十的都是中小型财险公司,它们的综合成本率均低于 90%,承保利润率很高,且多数公司的指标值呈现逐年下滑的趋势,这表明这些公司的经营发展已步入良性通道,市场竞争力正在逐步增强。需要注意的是,中远海自保、汇友互助和久融财产前期的指标值非常高,这与它们的创立时间短有关。保险公司开业初期的运营成本偏高,且风险成本因业务量低也偏高,使得它们有高企的综合成本率。

(四)保险准备金的资金成本率

表 6　2017—2021 年财险公司的保险准备金的资金成本率及其排名

编号	公司	2017		2018		2019		2020		2021	
		指标值	排名	指标值	排名	指标值	排名	指标值	排名	指标值	排名
1	人保财险	−13.76%	4	−2.18%	13	−1.51%	18	−0.93%	15	−0.14%	19
2	平安财险	−4.20%	8	−4.23%	9	−4.93%	10	−0.38%	18	−1.46%	16
3	天安财险	11.30%	39	19.75%	57	15.99%	57	N/A	N/A	N/A	N/A
4	太保财险	−0.94%	11	−0.92%	16	−2.39%	16	−0.41%	17	−0.65%	18
5	国寿财险	2.02%	20	3.31%	28	3.28%	33	5.09%	34	7.23%	40
6	中华联合	2.67%	23	23.85%	63	32.55%	68	−3.57%	10	−2.68%	15
7	大地财产	−0.13%	13	0.64%	22	−1.17%	22	6.77%	37	6.10%	33
8	阳光财产	0.52%	14	−0.56%	17	0.75%	27	1.59%	23	6.38%	37
9	太平财险	1.40%	19	1.08%	24	0.44%	25	7.28%	40	11.82%	52
10	众安财产	102.88%	68	47.90%	67	21.77%	60	7.78%	43	4.22%	29
11	华安财险	9.98%	38	12.96%	49	8.54%	42	8.04%	44	8.31%	43
12	中石油专属	4.54%	29	4.54%	29	−0.40%	24	−1.11%	14	−2.75%	14
13	英大财产	0.56%	16	−4.06%	10	−13.79%	4	−7.30%	6	−7.05%	11

（续表）

		2017		2018		2019		2020		2021	
14	华泰财险	0.88%	17	5.11%	32	1.95%	30	1.23%	22	2.38%	24
15	中银保险	5.84%	33	−0.52%	19	2.81%	31	0.23%	20	1.13%	22
16	紫金财产	9.00%	36	6.92%	37	8.07%	41	7.53%	42	4.18%	28
17	永安财险	6.10%	34	5.77%	33	−0.68%	23	2.23%	26	5.90%	32
18	鼎和财产	−4.93%	6	−7.55%	5	−11.76%	5	−12.82%	3	−21.18%	3
19	诚泰财产	29.75%	60	26.50%	64	30.91%	67	35.43%	72	23.28%	68
20	国任财险	23.41%	55	16.70%	53	10.78%	48	10.42%	52	12.14%	53
21	安盛天平	11.47%	41	17.25%	54	15.86%	56	13.25%	55	16.25%	62
22	安诚财险	13.58%	46	12.77%	48	23.27%	62	15.17%	58	11.15%	50
23	泰康在线	152.41%	76	56.26%	72	36.36%	69	25.66%	69	9.48%	45
24	国元农业	−1.19%	10	5.80%	34	3.87%	34	4.26%	32	2.53%	25
25	永诚保险	4.38%	27	14.15%	50	3.91%	35	7.47%	41	1.28%	23
26	富德财产	17.75%	51	15.70%	52	48.63%	72	20.22%	64	9.70%	47
27	亚太财险	13.68%	47	9.23%	40	8.68%	43	8.46%	46	28.63%	71
28	浙商财产	38.85%	62	18.88%	55	13.42%	55	11.18%	54	12.80%	55
29	都邦保险	6.88%	35	8.13%	39	12.25%	53	10.12%	51	13.27%	57
30	泰山财险	11.79%	43	7.95%	38	11.84%	52	13.99%	56	16.74%	63
31	众诚保险	11.66%	42	4.85%	30	11.58%	50	17.29%	63	16.84%	64
32	安华农业	4.75%	30	19.67%	56	−1.29%	20	1.99%	25	3.62%	26
33	渤海财险	17.12%	49	11.58%	46	22.18%	61	7.03%	38	23.49%	69
34	铁路自保	−38.00%	1	−34.81%	2	−31.69%	1	−8.98%	4	−13.81%	5
35	阳光农业	−18.50%	2	−5.69%	7	11.82%	51	2.93%	29	0.05%	20
36	国泰财产	24.72%	57	10.85%	45	8.74%	44	8.31%	45	5.39%	31
37	恒邦财产	29.36%	59	21.04%	60	18.86%	59	21.93%	66	18.70%	66
38	黄河财险	N/A	N/A	293.92%	81	95.72%	80	280.18%	82	164.55%	81
39	华农财险	14.94%	48	10.57%	44	27.01%	65	8.90%	47	7.40%	41
40	劳合社	—	—	—	—	—	—	—	—	—	—
41	安信农业	−5.13%	5	−4.50%	8	−4.55%	12	−2.62%	13	6.92%	38
42	华海财产	34.99%	61	22.79%	62	1.16%	29	7.20%	39	4.36%	30
43	锦泰财产	9.37%	37	6.43%	35	7.98%	40	9.39%	48	7.04%	39
44	长安责任	13.24%	44	58.58%	73	0.53%	26	9.43%	49	9.56%	46

（续表）

		2017		2018		2019		2020		2021	
45	北部湾财产	2.13%	21	2.96%	27	7.95%	39	3.38%	31	11.29%	51
46	阳光信保	164.35%	77	79.53%	75	185.33%	82	138.94%	80	37.90%	72
47	中远海自保	90.90%	66	−38.96%	1	−18.72%	3	−23.16%	2	−24.73%	2
48	中原农业	2.54%	22	1.35%	25	1.12%	28	−2.89%	12	13.61%	59
49	京东安联	1.35%	18	−0.02%	20	9.96%	46	4.43%	33	13.15%	56
50	中煤财产	21.28%	53	9.98%	42	10.01%	47	6.67%	36	8.32%	44
51	美亚保险	−16.30%	3	−17.28%	3	−29.56%	2	−36.06%	1	−28.57%	1
52	燕赵财产	72.04%	65	22.36%	61	23.78%	63	22.76%	68	6.23%	35
53	中航安盟	3.00%	24	2.50%	26	4.13%	36	16.79%	61	7.51%	42
54	三星产险	4.90%	31	−1.81%	15	−4.75%	11	−6.87%	7	−7.86%	10
55	苏黎世	11.39%	40	−2.20%	12	−2.10%	17	−0.42%	16	−3.99%	13
56	海峡金桥	130.30%	72	52.16%	68	39.49%	71	31.06%	70	46.12%	75
57	中意财产	23.87%	56	10.49%	43	6.41%	38	3.07%	30	−0.70%	17
58	三井住友	−4.51%	7	−7.32%	6	−5.08%	9	−3.01%	11	−4.14%	12
59	史带财产	−0.73%	12	1.04%	23	−1.21%	21	1.78%	24	6.17%	34
60	利宝互助	20.65%	52	14.61%	51	10.81%	49	2.76%	28	13.34%	58
61	鑫安汽车	0.53%	15	−9.90%	4	−8.21%	7	−0.15%	19	−14.73%	4
62	长江财产	21.33%	54	27.13%	65	24.77%	64	33.09%	71	42.90%	74
63	爱和谊	−1.30%	9	−1.95%	14	−1.35%	19	0.40%	21	3.62%	27
64	现代财产	5.74%	32	5.00%	31	4.60%	37	21.25%	65	81.87%	78
65	久隆财产	113.62%	71	20.39%	59	−5.75%	8	−8.76%	5	−12.47%	7
66	易安保险	58.53%	63	53.40%	70	29.65%	66	N/A	N/A	N/A	N/A
67	中路财产	91.61%	67	52.84%	69	59.89%	74	22.56%	67	10.01%	48
68	众惠相互	543.80%	80	144.39%	79	39.09%	70	16.99%	62	12.33%	54
69	东海航运	137.40%	73	82.47%	76	72.30%	78	95.84%	79	N/A	N/A
70	前海联合	103.54%	69	33.21%	66	17.76%	58	9.75%	50	6.36%	36
71	日本财产	4.47%	28	−2.75%	11	−4.35%	13	−5.50%	8	−8.72%	8
72	安达保险	3.31%	25	9.71%	41	−3.49%	15	2.37%	27	−7.97%	9
73	东京海上	3.79%	26	0.13%	21	−8.59%	6	−4.89%	9	−13.11%	6
74	融盛财险	N/A	N/A	1503.90%	83	251.18%	83	81.53%	78	54.02%	76
75	珠峰财险	141.75%	75	56.23%	71	71.22%	77	14.79%	57	13.73%	60

（续表）

		2017		2018		2019		2020		2021	
76	建信财产	261.27%	78	75.28%	74	61.19%	75	41.62%	74	13.90%	61
77	安心财产	104.59%	70	94.75%	77	66.06%	76	77.21%	77	40.20%	73
78	富邦财险	17.23%	50	6.67%	36	9.34%	45	6.15%	35	18.52%	65
79	瑞再企商	25.52%	58	20.33%	58	2.96%	32	10.89%	53	22.52%	67
80	汇友互助	3350.98%	81	760.12%	82	178.39%	81	41.05%	73	10.54%	49
81	广东能源自保	372.12%	79	177.13%	80	82.61%	79	73.05%	76	70.60%	77
82	合众财产	140.11%	74	100.25%	78	58.56%	73	51.82%	75	85.92%	79
83	太平科技	N/A	N/A	4007.54%	84	451.69%	84	184.67%	81	144.56%	80
84	凯本财险	13.54%	45	−0.54%	18	−4.16%	14	16.40%	60	0.28%	21
85	日本兴亚	63.11%	64	12.08%	47	13.02%	54	16.21%	59	24.89%	70

注:1. 指标值根据各家财险公司历年财报整理得到,升序排名;

2. N/A 表示数据缺失,这与公司尚未开业经营或未按期披露财报有关;

3. 由于劳合社的各年保险准备金与应收分保准备金相等,使得保险准备金的资金成本率无法算出,为此不对它排名。

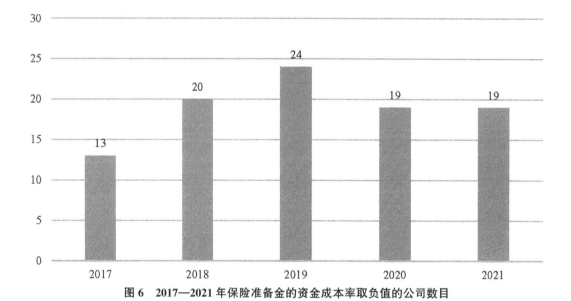

图6　2017—2021年保险准备金的资金成本率取负值的公司数目

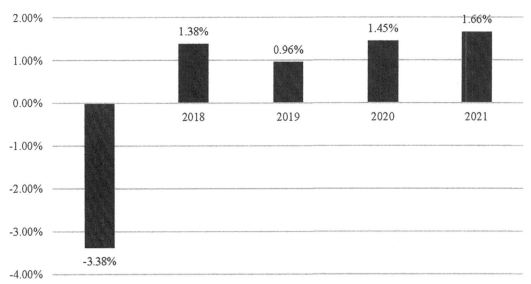

图 7 2017—2021 年财险业的保险准备金的资金成本率

表 7 2021 年保险准备金的资金成本率排名前十的财险公司的指标演化趋势

公司	2017	2018	2019	2020	2021
美亚保险	−16.30%	−17.28%	−29.56%	−36.06%	−28.57%
中远海自保	90.90%	−38.96%	−18.72%	−23.16%	−24.73%
鼎和财产	−4.93%	−7.55%	−11.76%	−12.82%	−21.18%
鑫安汽车	0.53%	−9.90%	−8.21%	−0.15%	−14.73%
铁路自保	−38.00%	−34.81%	−31.69%	−8.98%	−13.81%
东京海上	3.79%	0.13%	−8.59%	−4.89%	−13.11%
久隆财产	113.62%	20.39%	−5.75%	−8.76%	−12.47%
日本财产	4.47%	−2.75%	−4.35%	−5.50%	−8.72%
安达保险	3.31%	9.71%	−3.49%	2.37%	−7.97%
三星产险	4.90%	−1.81%	−4.75%	−6.87%	−7.86%

1. 指标计算公式

$$保险准备金的资金成本率 = \frac{风险成本 + 运营成本 - 已赚保费}{保险准备金 - 应收分保准备金}$$

（公式 4）

其中，

风险成本＝赔付支出－摊回赔付支出＋提取/转回保险责任准备金－摊回保险责任准备金＋提取/转回农险责任准备金(保费准备金)＋提取/转回巨灾风险准备金＋提取/

转回城乡居民住宅地震巨灾保险准备金＋保单红利支出；

营运成本＝税金及附加＋手续费及佣金支出＋业务及管理费＋分保费用－摊回分保费用＋其他运营成本＋利息支出（财务费用），

其中，其他运营成本＝资产减值损失＋信用减值损失－投资资产减值损失；

保险准备金＝1/2（期初未到期责任准备金＋期末未到期责任准备金＋期初未决赔款准备金＋期末未决赔款责任准备金＋期初农险准备金（保费准备金）＋期末农险准备金（保费准备金）＋期初巨灾风险准备金＋期末巨灾风险准备金＋期初城乡居民住宅地震巨灾保险准备金＋期末城乡居民住宅地震巨灾保险准备金）；

应收分保准备金＝1/2（期初应收分保未到期责任准备金＋期末应收分保未到期责任准备金＋期初应收分保未决赔款准备金＋期末应收分保未决赔款准备金）。

2. 指标分析

本指标的设计出发点是将财险公司在保险业务中形成的准备金视作对投保人的负债，融资成本则用保险业务承保端的净支出来计量，即融资成本＝－承保利润＝风险成本＋运营成本－已赚保费，将后者比上前者就能完成对财险公司保险业务的资金成本率的估算。当然，指标的测算口径是财险公司扣除再保险分保后的净自留业务。如果保险准备金的资金成本率为正，则表明保险公司从投保人那里获得的负债融资是有资金成本的，实际上这类资金成本就体现为承保亏损；反之，若保险准备金的资金成本率为负，则表明保险业务能给财险公司带来承保利润。显然，保险准备金的资金成本率取值越低越好，因此，我们对各家公司历年的指标值按升序排名，考察它们的承保绩效的优劣程度。

如表6所示，每个年度上，各家公司的指标值两极分化非常严重，表明不同公司因业务结构、经营理念、管理经验等运营因素的差异，呈现出截然不同的承保绩效。以2021年为例，美亚财险的指标值最低，仅为－28.57%，而黄河财险的指标值最高，达到164.55%。其实，前面年度的极差更大，这与新开业公司往往有极高的指标值不无相关。这也提示我们分析本指标时单看某家公司任一年度的数值没有多大意义，更应关注该家公司的指标演化趋势。图6整理了2017—2021年保险准备金的资金成本率取负值的公司数目，每年大致仅有四分之一的公司能够获得承保利润。我们还测算了整个财险行业的保险准备金的资金成本率，各年指标值的演化趋势如图7所示。除2017年行业有承保盈利外，近年来一直处于微亏状态，承保亏损未超过净自留的保险准备金的2%。连续5年取得承保利润的公司只有7家，分别是人保财险、平安财险、太保财险、鼎和财产、铁路自保、美亚保险和三井住友，这与之前从综合成本率角度得出的盈利公司名单一致①。进一步，聚焦分析这7家连续盈利公司发现，虽然头部的"老三家"的保险准备金的资金成本率的绝对值高于其余的4家公司，但它们因业务体量大而积累的准备金数额高，最终获得的承保利润也高；相反，其余的4家公司是"小而美"的公司，尽管它们的指标绝对

---

① 承保亏损率＝综合成本率－1＝$\dfrac{风险成本＋运营成本－已赚保费}{已赚保费}×100\%$，显然，指标"承保亏损率"与"保险准备金的资金成本率"的计算公式具有相同的分子。上述两个指标的计算公式中的分母通常为正值，分子决定它们的符号。因此，从"综合成本率"和"保险准备金的资金成本率"来判断财险公司的承保盈亏与否，能够得出完全一致的结论。

值低,但其准备金数额小,使得承保盈利规模并不大。

最后,我们选取 2021 年保险准备金的资金成本率排名前十的财险公司为子样本,考察近期指标取值优异的公司 5 年内的指标演化趋势,具体参见表7。这 10 家公司的指标值均表现出优化的趋势,甚至有多家公司实现了承保端的由亏转盈。汇友互助和久隆财产的成立时间分别是 2017 年 6 月和 2016 年 3 月,它们在开业初期的指标值都极高,但这种情况不应简单地视为经营失败的依据,这往往跟公司开业初期的运营成本投入巨大、业务模式尚待摸索、管理经验亟需补全等原因有关,因而,对于这些异常值不应过于关注。对照表5 中依据综合成本率筛选出的绩优公司名单,发现这里有 9 家公司是重合的,这验证了按不同的指标度量承保绩效的可靠性。中远海自保和铁路自保这两家自保公司连续上榜,指标演化表现非常抢眼。中远海自保的保险业务主要集中于船舶保险、责任险等航运风险领域,而铁路自保的主营业务是意外险、责任险、工程险、货运险等铁路施工与运输风险领域。自保公司能够依托汇聚集团公司内部风险的展业优势,在专注的业务领域取得可观的业务量,迅速确立承保业绩领先的市场地位。但自保公司当前的业务体量较低,拓展集团公司外业务、开拓新的承保险种是后期发展壮大的关键路径,它们能否一直保持绩优表现还有待观察。

(五) 总投资收益率

表8　2017—2021 年财险公司的总投资收益率及其排名

编号	公司	2017		2018		2019		2020		2021	
		指标值	排名	指标值	排名	指标值	排名	指标值	排名	指标值	排名
1	人保财险	5.12%	26	4.65%	23	4.81%	28	4.61%	43	4.91%	31
2	平安财险	5.27%	19	4.47%	27	5.20%	17	5.98%	18	4.42%	43
3	天安财险	4.72%	33	4.48%	26	−2.16%	84	N/A	N/A	N/A	N/A
4	太保财险	5.05%	28	5.04%	14	4.82%	27	5.20%	31	5.47%	20
5	国寿财险	4.75%	32	4.43%	29	5.58%	12	6.91%	9	6.52%	10
6	中华联合	5.20%	22	5.02%	15	9.57%	2	8.27%	4	6.58%	9
7	大地财产	5.27%	20	4.26%	38	4.34%	44	5.78%	20	5.33%	23
8	阳光财产	6.20%	7	4.67%	22	4.44%	37	5.88%	19	5.94%	15
9	太平财险	3.94%	44	3.48%	51	2.85%	73	3.88%	58	5.16%	28
10	众安财产	−0.06%	79	1.00%	79	6.81%	4	4.23%	53	8.61%	2
11	华安财险	4.61%	35	3.35%	55	4.42%	40	4.75%	40	4.73%	33
12	中石油专属	2.60%	67	2.85%	66	3.46%	62	3.69%	61	4.09%	51
13	英大财产	6.16%	8	5.13%	11	6.33%	8	6.75%	12	6.62%	8

		2017		**2018**		**2019**		**2020**		**2021**	
14	华泰财险	5.38%	16	3.93%	42	4.42%	39	5.40%	25	5.37%	21
15	中银保险	6.00%	9	3.22%	57	4.62%	30	4.77%	39	4.59%	39
16	紫金财产	6.49%	5	3.86%	45	5.07%	19	5.03%	33	4.03%	53
17	永安财险	8.99%	2	7.50%	3	5.53%	13	6.78%	11	8.14%	3
18	鼎和财产	4.21%	41	5.28%	8	4.19%	45	5.77%	21	2.89%	73
19	诚泰财产	5.57%	12	2.74%	69	4.56%	32	5.46%	24	4.04%	52
20	国任财险	5.08%	27	3.88%	44	3.54%	59	6.14%	16	6.89%	6
21	安盛天平	5.32%	18	3.96%	41	4.40%	43	3.94%	56	3.88%	56
22	安诚财险	4.83%	30	5.13%	12	2.80%	74	6.12%	17	4.68%	38
23	泰康在线	2.20%	71	5.19%	10	4.03%	49	5.34%	28	5.67%	18
24	国元农业	4.50%	38	4.71%	21	4.87%	25	5.14%	32	6.41%	11
25	永诚保险	2.92%	62	−0.19%	83	4.49%	34	9.53%	2	4.29%	46
26	富德财产	5.15%	24	2.04%	75	3.68%	55	4.23%	52	4.50%	40
27	亚太财险	5.64%	11	4.87%	16	5.36%	16	6.70%	13	7.83%	4
28	浙商财产	2.98%	60	3.40%	53	4.84%	26	7.06%	8	4.12%	48
29	都邦保险	4.70%	34	3.30%	56	4.93%	24	5.39%	26	2.97%	72
30	泰山财险	5.45%	14	3.46%	52	5.80%	10	6.82%	10	4.46%	41
31	众诚保险	3.80%	46	2.44%	72	3.52%	60	6.45%	15	6.71%	7
32	安华农业	1.61%	74	2.43%	73	3.92%	51	4.04%	55	3.30%	64
33	渤海财险	5.19%	23	5.20%	9	5.15%	18	5.69%	22	4.70%	35
34	铁路自保	2.73%	66	4.33%	34	3.44%	64	4.28%	51	4.94%	30
35	阳光农业	4.01%	43	5.38%	5	4.44%	38	4.55%	45	4.12%	49
36	国泰财产	3.73%	47	1.98%	76	3.87%	53	5.38%	27	6.10%	13
37	恒邦财产	4.85%	29	4.35%	32	4.93%	23	5.60%	23	4.43%	42
38	黄河财险	N/A	N/A	9.66%	1	5.43%	14	5.22%	30	5.75%	17
39	华农财险	5.99%	10	5.11%	13	5.00%	21	4.90%	35	4.80%	32
40	劳合社	1.09%	76	2.36%	74	1.52%	79	0.36%	81	0.99%	81
41	安信农业	4.32%	39	4.36%	31	4.42%	41	4.51%	47	4.70%	36
42	华海财产	5.35%	17	4.44%	28	1.81%	78	2.96%	76	1.99%	78
43	锦泰财产	6.42%	6	5.28%	7	6.63%	7	8.33%	3	6.28%	12
44	长安责任	1.65%	73	−0.12%	82	−1.82%	83	6.46%	14	5.14%	29

		2017		2018		2019		2020		2021	
45	北部湾财产	5.46%	13	7.38%	4	8.59%	3	8.03%	6	5.95%	14
46	阳光信保	3.87%	45	4.75%	20	6.19%	9	3.90%	57	2.73%	74
47	中远海自保	6.76%	4	4.59%	25	4.75%	29	4.29%	49	3.93%	54
48	中原农业	1.70%	72	1.08%	78	1.33%	80	4.29%	50	4.73%	34
49	京东安联	2.47%	69	2.63%	70	2.95%	71	3.44%	66	3.83%	57
50	中煤财产	3.64%	49	3.05%	61	4.05%	48	3.40%	67	5.17%	27
51	美亚保险	3.29%	55	2.53%	71	2.92%	72	2.50%	80	1.47%	79
52	燕赵财产	4.60%	36	4.76%	19	3.88%	52	4.33%	48	3.90%	55
53	中航安盟	3.41%	53	4.43%	30	4.07%	46	3.13%	72	3.43%	61
54	三星产险	3.09%	57	4.30%	37	3.62%	56	3.54%	64	2.19%	76
55	苏黎世	3.09%	56	2.87%	65	3.27%	68	3.03%	75	3.18%	68
56	海峡金桥	3.02%	58	3.81%	46	4.45%	36	4.73%	41	4.35%	45
57	中意财产	5.25%	21	4.31%	36	4.45%	35	3.81%	59	3.49%	60
58	三井住友	2.76%	64	3.62%	49	3.31%	67	3.32%	68	3.33%	62
59	史带财产	2.75%	65	4.32%	35	3.52%	61	3.55%	63	3.31%	63
60	利宝互助	3.02%	59	2.81%	67	3.43%	65	3.46%	65	3.14%	69
61	鑫安汽车	4.80%	31	4.82%	17	5.63%	11	10.07%	1	5.34%	22
62	长江财产	−0.93%	80	−5.17%	84	3.82%	54	4.82%	36	4.22%	47
63	爱和谊	2.55%	68	3.04%	62	3.22%	69	3.21%	69	3.22%	67
64	现代财产	3.44%	52	4.12%	40	2.03%	76	2.66%	79	4.10%	50
65	久隆财产	−1.39%	81	3.57%	50	4.93%	22	3.71%	60	2.99%	71
66	易安保险	9.74%	1	3.91%	43	1.12%	81	N/A	N/A	N/A	N/A
67	中路财产	5.44%	15	3.17%	59	6.71%	6	8.09%	5	5.23%	25
68	众惠相互	8.72%	3	0.22%	81	6.74%	5	4.77%	38	5.18%	26
69	东海航运	4.27%	40	4.22%	39	4.60%	31	4.21%	54	N/A	N/A
70	前海联合	5.14%	25	−6.81%	85	0.43%	82	3.16%	71	2.58%	75
71	日本财产	3.35%	54	3.64%	48	3.56%	57	2.85%	77	3.24%	65
72	安达保险	−2.23%	82	4.33%	33	2.45%	75	−0.35%	82	0.74%	82
73	东京海上	2.77%	63	2.94%	64	3.41%	66	3.19%	70	3.09%	70
74	融盛财险	N/A	N/A	0.34%	80	3.45%	63	4.79%	37	7.63%	5
75	珠峰财险	3.48%	51	3.38%	54	4.51%	33	7.25%	7	5.51%	19

（续表）

		2017		**2018**		**2019**		**2020**		**2021**	
76	建信财产	3.50%	50	4.62%	24	4.01%	50	4.57%	44	4.39%	44
77	安心财产	1.22%	75	3.69%	47	19.72%	1	2.68%	78	2.05%	77
78	富邦财险	0.70%	77	1.21%	77	−2.77%	85	−9.62%	83	28.35%	1
79	瑞再企商	2.34%	70	2.78%	68	1.90%	77	3.07%	74	1.29%	80
80	汇友互助	4.06%	42	4.80%	18	5.05%	20	5.01%	34	4.68%	37
81	广东能源自保	0.00%	78	3.18%	58	4.06%	47	4.52%	46	5.24%	24
82	合众财产	4.52%	37	5.28%	6	5.37%	15	4.71%	42	5.82%	16
83	太平科技	N/A	N/A	7.89%	2	4.40%	42	5.26%	29	3.76%	58
84	凯本财险	3.66%	48	3.08%	60	3.55%	58	3.67%	62	3.56%	59
85	日本兴亚	2.94%	61	3.03%	63	3.11%	70	3.08%	73	3.23%	66

注：1．指标值根据各家财险公司历年财报整理得到，降序排名；

2．N/A表示数据缺失，这与公司尚未开业经营或未按期披露财报有关。

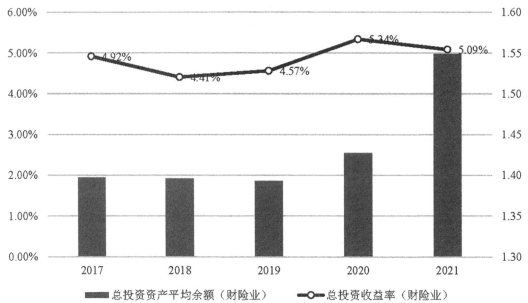

图8　2017—2021年财险业的总投资收益率与总投资资产平均余额（单位：万亿元）

表9　2017—2021总投资收益率排名前十的财险公司

排名	2017		2018		2019		2020		2021	
	公司	指标值	公司	指标值	公司	指标值	公司	指标值	公司	指标值
1	易安保险	9.74%	黄河财险	9.66%	安心财产	19.72%	鑫安汽车	10.07%	富邦财险	28.35%
2	永安财险	8.99%	太平科技	7.89%	中华联合	9.57%	永诚保险	9.53%	众安财产	8.61%
3	众惠相互	8.72%	永安财险	7.50%	北部湾财产	8.59%	锦泰财产	8.33%	永安财险	8.14%
4	中远海自保	6.76%	北部湾财产	7.38%	众安财产	6.81%	中华联合	8.27%	亚太财险	7.83%
5	紫金财产	6.49%	阳光农业	5.38%	众惠相互	6.74%	中路财产	8.09%	融盛财险	7.63%
6	锦泰财产	6.42%	合众财产	5.28%	中路财产	6.71%	北部湾财产	8.03%	国任财险	6.89%
7	阳光财产	6.20%	锦泰财产	5.28%	锦泰财产	6.63%	珠峰财险	7.25%	众诚保险	6.71%
8	北部财产	6.16%	鼎和财产	5.28%	英大财产	6.33%	浙商财产	7.06%	英大财产	6.62%
9	中银保险	6.00%	渤海财险	5.20%	阳光信保	6.19%	国寿财险	6.91%	中华联合	6.58%
10	华农财险	5.99%	泰康在线	5.19%	泰山财险	5.80%	泰山财险	6.82%	国寿财险	6.52%

1. 指标计算公式

$$总投资收益率 = \frac{总投资收益}{总投资资产平均余额} = \frac{总投资收益}{(期初总投资资产 + 期末总投资资产)/2}$$

(公式5)

其中,总投资资产＝货币资金＋以公允价值计量且其变动计入当期损益的金融资产＋衍生金融资产＋买入返售金融资产＋存出资本保证金＋定期存款＋可供出售金融资产＋持有至到期投资＋归入贷款及应收款的投资＋长期股权投资＋投资性房地产＋拆出资金;

总投资收益＝投资收益＋公允价值变动损益＋汇兑损益－投资资产减值损失,

其中,投资资产减值损失＝可供出售金融资产减值损失＋持有至到期投资减值损失＋长期股权投资减值损失＋投资性房地产减值损失＋贷款及应收款项投资减值损失。

2. 指标分析

总投资收益率是用于度量保险公司的投资绩效的指标。我们从资产负债表的资产列中筛选出所有的投资资产,加总后得到总投资资产。总投资收益是汇总投资收益、公允价值变动损益和汇兑损益后扣除投资资产减值损失得出。由于总投资资产是一个反映年末时点上的存量概念,对它的年初值和年末值取平均后得到总投资资产平均余额,用于估算一年内任一时点上的资金运用规模,以便跟总投资收益这一反映一年内资金运用的价值增值的流量概念相匹配。需要说明的是，汇兑损益的数额不高且不能进一步拆分，这里假定汇兑损益全部源自保险公司的跨国投资，忽视再保险交易对它的影响。投资性房地产的收益＝投资性房地产的房租－投资性房地产折旧，但多数公司未对上式右边的两项数据予以披露，为此，在测算总投资收益时没有涉及投资性房地产的收益。

按公式5，我们测算了2017—2021年各家财险公司的总投资收益率，并开展了行业排名，结果列示在表8中。整体而言，除个别公司在个别年份上出现投资亏损外，各家公司的资金运用都有获利的表现。如图8所示，财险行业总投资收益率在5年考察期上较为平稳，每年都在5%上下波动，振幅在0.5%左右。这应该与保险公司的资金运用秉持安全性原则且银保监会的严监管举措密不可分。表8中出现的一些总投资收益率的极高值，例如，2019年安心财产的总投资收益率高达19.72%，2021年富邦财险的总投资收益率为28.35%。查看这些公司的财报附注后发现，它们的投资收益高涨主要源自金融工具或长期股权投资的处置利得。其中，2019年安心财产处置基金和债券的收益为1386.0235万元，占到投资收益1455.0253万元的95.26%；2021年富邦财险处置长期股权投资收益1986.3813万元，占到投资收益2228.3861万元的89.14%。由于资产处置利得具有短期性，不是长期可靠的投资收益来源，因而，这类高的总投资收益率不应视作投资运作成功的依据。

我们梳理了历年总投资收益率排名前十的公司名单，结果列示在表9中。尽管财险公司的总投资收益率的排名普遍变化较大，没有公司能够始终占据头名位置，但仍有少数公司因擅长资金运作，公司名称频频出现在前十的榜单中。其中，锦泰财产有4次上榜，北部湾财产、永安财险、英大财产和中华联合各有3次上榜，2次上榜的公司有众安财产、众惠互助、中路财产、泰山财产和国寿财险。如图9所示，过去5年中，锦泰财产的投资运作都非常出色，其总投资收益率无论资本市场景气与否始终高于行业的平均值。据《证券日报》对锦泰财产首席投资官的专访报道，锦泰财产投资运作的成功秘诀可归结为：第一，明确保险资金"姓保"的本质，坚持稳健投资、安全第一的基本原则；第二，注重研究经济金融和资本市场的基本运行规律，科学配置大类资产，经历市场短期波动时保持战略定力；第三，选择有独立研究和思考能力的投资机构作为投资合作伙伴；第四，重视非标资产在保险投资上的基础性作用，利用好非标资产的久期较长、收益较高且较为稳定的特点，助力险资追求长期稳定收益。①

---

① 冷翠华，《锦泰保险首席投资官万福江：投资须保持独立研究思考 看好全年权益投资机会》，《证券日报》，2021年4月21日，https://baijiahao.baidu.com/s? id＝1697651422164497998&wfr＝spider&for＝pc。

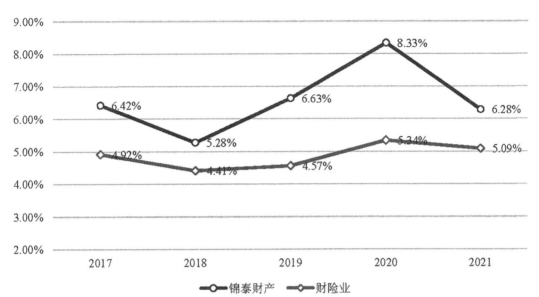

图 9 2017—2021 年锦泰财产与财险业的总投资收益率的比较

（六）综合投资收益率

表 10 2017—2021 年财险公司的综合投资收益率及其排名

编号	公司	2017		2018		2019		2020		2021	
		指标值	排名	指标值	排名	指标值	排名	指标值	排名	指标值	排名
1	人保财险	5.09%	24	3.55%	39	8.12%	5	5.95%	28	5.03%	25
2	平安财险	5.08%	25	4.27%	24	5.99%	26	5.79%	32	4.22%	43
3	天安财险	4.99%	26	4.08%	30	0.12%	83	N/A	N/A	N/A	N/A
4	太保财险	4.79%	31	4.56%	15	6.43%	22	7.55%	14	5.24%	19
5	国寿财险	4.68%	34	3.59%	37	7.68%	7	8.95%	5	4.88%	27
6	中华联合	4.89%	28	4.20%	25	11.37%	2	8.89%	6	6.53%	9
7	大地财产	5.31%	17	4.07%	31	6.53%	17	6.38%	20	3.78%	55
8	阳光财产	8.81%	2	0.57%	76	6.51%	19	8.15%	9	4.89%	26
9	太平财险	5.12%	23	1.97%	68	4.60%	49	4.32%	56	4.29%	39
10	众安财产	−0.06%	79	1.00%	75	5.41%	31	5.94%	29	8.76%	4
11	华安财险	4.36%	42	3.42%	41	4.65%	48	5.18%	41	4.10%	47
12	中石油专属	2.61%	66	2.85%	57	3.46%	66	3.69%	61	4.09%	49
13	英大财产	6.16%	8	5.13%	7	7.09%	14	7.56%	13	6.60%	8
14	华泰财险	5.28%	19	2.84%	58	6.51%	20	5.96%	26	5.06%	24

（续表）

		2017		2018		2019		2020		2021	
15	中银保险	4.84%	30	4.16%	27	4.83%	43	4.65%	47	5.25%	18
16	紫金财产	6.50%	7	1.42%	73	7.37%	11	5.93%	30	3.93%	51
17	永安财险	9.17%	1	5.96%	4	5.41%	32	5.91%	31	12.19%	2
18	鼎和财产	4.76%	32	4.85%	12	4.30%	56	6.00%	24	3.02%	69
19	诚泰财产	5.70%	11	2.38%	64	4.75%	46	5.39%	37	4.50%	32
20	国任财险	1.69%	73	3.94%	32	7.32%	12	7.23%	16	7.28%	7
21	安盛天平	4.52%	38	4.61%	14	4.85%	41	4.38%	54	4.67%	29
22	安诚财险	5.83%	9	−0.59%	82	7.57%	8	7.57%	12	4.13%	45
23	泰康在线	2.91%	61	3.30%	45	6.07%	25	7.76%	11	4.50%	35
24	国元农业	4.47%	41	4.18%	26	4.87%	40	5.36%	38	5.18%	22
25	永诚保险	3.05%	57	−0.51%	81	7.18%	13	8.08%	10	4.35%	38
26	富德财产	5.15%	22	2.04%	66	3.68%	60	4.23%	57	4.50%	34
27	亚太财险	5.33%	16	2.72%	60	7.43%	9	6.70%	18	7.83%	5
28	浙商财产	2.98%	59	3.40%	42	4.84%	42	9.19%	3	2.01%	78
29	都邦保险	5.31%	18	1.80%	70	6.25%	24	5.74%	33	2.24%	74
30	泰山财险	3.88%	46	1.79%	71	8.07%	6	6.30%	21	4.64%	30
31	众诚保险	4.53%	37	1.42%	74	4.82%	44	9.19%	4	5.14%	23
32	安华农业	0.83%	75	2.75%	59	5.03%	36	4.59%	49	3.60%	57
33	渤海财险	5.41%	15	3.62%	36	6.43%	21	6.43%	19	4.59%	31
34	铁路自保	2.73%	64	4.33%	20	3.44%	68	5.57%	34	4.19%	44
35	阳光农业	4.01%	45	5.38%	5	4.44%	54	4.55%	50	4.12%	46
36	国泰财产	3.36%	52	1.71%	72	4.91%	39	5.17%	42	5.78%	11
37	恒邦财产	4.86%	29	4.10%	29	5.02%	37	5.33%	39	4.23%	42
38	黄河财险	N/A	N/A	9.79%	1	5.74%	27	6.10%	23	5.49%	15
39	华农财险	5.52%	13	5.03%	10	5.25%	35	4.74%	46	4.24%	40
40	劳合社	1.09%	74	2.36%	65	1.52%	82	0.36%	81	0.99%	81
41	安信农业	3.59%	48	3.12%	50	5.30%	33	6.19%	22	4.49%	36
42	华海财产	4.94%	27	2.04%	67	2.54%	78	3.34%	69	2.02%	77
43	锦泰财产	6.51%	6	1.85%	69	10.23%	3	9.52%	2	5.68%	12
44	长安责任	2.16%	71	3.27%	46	−1.76%	85	5.97%	25	9.50%	3
45	北部湾财产	5.57%	12	6.24%	3	9.74%	4	8.33%	8	5.48%	16

（续表）

		2017		2018		2019		2020		2021	
46	阳光信保	5.75%	10	3.19%	47	6.53%	18	3.25%	71	2.62%	73
47	中远海自保	6.76%	5	5.13%	8	4.81%	45	4.34%	55	3.93%	52
48	中原农业	2.36%	70	0.35%	77	2.71%	77	7.02%	17	3.92%	53
49	京东安联	2.47%	69	2.63%	62	2.95%	75	3.50%	66	3.92%	54
50	中煤财产	4.52%	39	2.70%	61	5.74%	28	4.03%	58	4.40%	37
51	美亚保险	3.29%	53	2.53%	63	2.92%	76	2.50%	80	1.47%	79
52	燕赵财产	4.60%	36	4.90%	11	3.99%	58	4.59%	48	4.50%	33
53	中航安盟	3.53%	49	3.77%	33	4.72%	47	3.45%	68	3.11%	66
54	三星产险	3.09%	56	4.30%	23	3.62%	61	3.54%	64	2.19%	75
55	苏黎世	2.93%	60	3.11%	51	3.23%	71	2.98%	75	3.18%	64
56	海峡金桥	3.13%	55	3.73%	34	4.45%	52	4.96%	43	4.23%	41
57	中意财产	5.25%	21	4.31%	21	4.45%	51	3.81%	59	3.49%	59
58	三井住友	2.76%	63	3.62%	35	3.31%	70	3.32%	70	3.33%	60
59	史带财产	2.55%	67	4.45%	17	3.60%	62	3.52%	65	3.26%	62
60	利宝互助	3.02%	58	2.88%	56	3.51%	65	3.46%	67	3.15%	65
61	鑫安汽车	4.67%	35	4.82%	13	5.63%	29	9.85%	1	5.34%	17
62	长江财产	−0.93%	80	−5.17%	85	3.82%	59	5.41%	36	2.90%	71
63	爱和谊	2.55%	68	3.04%	53	3.22%	72	3.21%	72	3.07%	68
64	现代财产	3.44%	51	4.12%	28	2.03%	81	2.66%	79	4.10%	48
65	久隆财产	−1.39%	81	3.57%	38	4.93%	38	3.71%	60	2.99%	70
66	易安保险	7.36%	4	−0.07%	80	5.60%	30	N/A	N/A	N/A	N/A
67	中路财产	5.27%	20	3.17%	49	7.39%	10	8.44%	7	4.04%	50
68	众惠相互	8.72%	3	0.22%	79	6.74%	15	4.77%	45	5.18%	21
69	东海航运	4.68%	33	2.93%	55	6.68%	16	5.56%	35	N/A	N/A
70	前海联合	5.45%	14	−2.74%	84	3.08%	74	3.58%	63	2.75%	72
71	日本财产	3.26%	54	4.31%	22	3.57%	63	2.85%	77	3.29%	61
72	安达保险	−2.23%	82	4.33%	19	2.45%	79	−0.35%	82	0.74%	82
73	东京海上	2.77%	62	2.94%	54	3.41%	69	3.19%	73	3.09%	67
74	融盛财险	N/A	N/A	0.34%	78	3.45%	67	4.79%	44	7.63%	6
75	珠峰财险	3.48%	50	3.38%	43	4.51%	50	7.25%	15	5.51%	14
76	建信财产	4.12%	43	4.47%	16	4.44%	53	5.96%	27	4.70%	28

（续表）

		2017		**2018**		**2019**		**2020**		**2021**	
77	安心财产	0.75%	77	4.44%	18	19.36%	1	2.68%	78	2.05%	76
78	富邦财险	0.82%	76	−0.97%	83	−0.74%	84	−9.12%	83	28.80%	1
79	瑞再企商	2.06%	72	3.45%	40	2.05%	80	2.87%	76	1.39%	80
80	汇友互助	4.08%	44	5.07%	9	6.33%	23	4.39%	53	5.53%	13
81	广东能源自保	0.00%	78	3.18%	48	4.06%	57	4.52%	51	5.24%	20
82	合众财产	4.52%	40	5.28%	6	5.29%	34	4.44%	52	5.94%	10
83	太平科技	N/A	N/A	7.89%	2	4.40%	55	5.26%	40	3.76%	56
84	凯本财险	3.66%	47	3.08%	52	3.55%	64	3.67%	62	3.56%	58
85	日本兴亚	2.65%	65	3.33%	44	3.11%	73	3.08%	74	3.23%	63

注：1. 指标值根据各家财险公司历年财报整理得到，降序排名；

　　2. N/A 表示数据缺失，这与公司尚未开业经营或未按期披露财报有关。

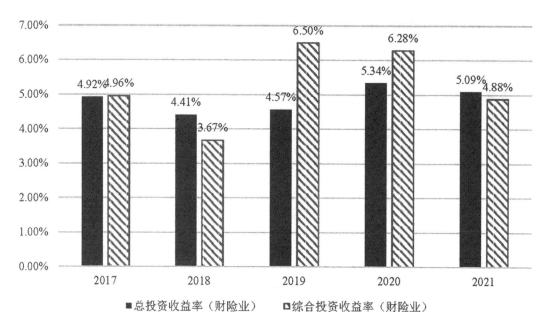

图 10　2017—2021 年财险业的总投资收益率与综合投资收益率的比较

表 11　2017—2021 年综合投资收益率排名前十的财险公司

	2017		**2018**		**2019**		**2020**		**2021**	
排名	公司	指标值	公司	指标值	公司	指标值	公司	指标值	公司	指标值
1	永安财产	9.17%	黄河财险	9.79%	安心财产	19.36%	鑫安汽车	9.85%	富邦财险	28.80%

（续表）

	2017		2018		2019		2020		2021	
2	阳光财产	8.81%	太平科技	7.89%	中华联合	11.37%	锦泰财产	9.52%	永安财险	12.19%
3	众惠相互	8.72%	北部湾财产	6.24%	锦泰财产	10.23%	浙商财产	9.19%	长安责任	9.50%
4	易安保险	7.36%	永安财险	5.96%	北部湾财产	9.74%	众诚保险	9.19%	众安财产	8.76%
5	中远海自保	6.76%	阳光农业	5.38%	人保财险	8.12%	国寿财险	8.95%	亚太财险	7.83%
6	锦泰财产	6.51%	合众财产	5.28%	泰山财险	8.07%	中华联合	8.89%	融盛财险	7.63%
7	紫金财产	6.50%	英大财产	5.13%	国寿财险	7.68%	中路财产	8.44%	国任财险	7.28%
8	英大财产	6.16%	中远海自保	5.13%	安诚财险	7.57%	北部湾财产	8.33%	英大财产	6.60%
9	安诚财险	5.83%	汇友互助	5.07%	亚太财险	7.43%	阳光财产	8.15%	中华联合	6.53%
10	阳光信保	5.75%	华农财险	5.03%	中路财产	7.39%	永诚保险	8.08%	合众财产	5.94%

1. 指标计算公式

$$综合投资收益率 = \frac{综合投资收益}{总投资资产平均余额} = \frac{综合投资收益}{(期初总投资资产 + 期末总投资资产)/2}$$

（公式 6）

其中,总投资资产＝货币资金＋以公允价值计量且其变动计入当期损益的金融资产＋衍生金融资产＋买入返售金融资产＋存出资本保证金＋定期存款＋可供出售金融资产＋持有至到期投资＋归入贷款及应收款的投资＋长期股权投资＋投资性房地产＋拆出资金;

综合投资收益
＝总投资收益＋可供出售金融资产公允价值变动
＝投资收益＋公允价值变动损益＋汇兑损益－投资资产减值损失＋可供出售金融资产公允价值变动或者其他综合收益(亏损)。

2. 指标分析

综合投资收益是指在总投资收益的基础上进一步把可供出售金融资产计入其他综合收益(亏损)的浮动盈亏考虑进来后得到的投资收益总额。将综合投资收益比上总投资资产平均余额则为综合投资收益率。虽然可供出售金融资产公允价值变动属于未实现的收益,但其实现可能性较高,因而把它计入投资收益总额在逻辑上合理的。测算综合投资收益率,有利于客观评价可供出售金融资产比重高的保险公司的资金运用绩效。需要说明的是,在报表数据的收集整理过程中,对于未分项列示其他综合收益(亏损)的公司,我们只能用其他综合收益(亏损)替代可供出售金融资产公允价值变动。这么做会带来一定的偏差,会把一些不该计入的其他综合收益(亏损)算进来。

我们测算了各家财险公司 2017—2021 年的综合投资收益率并对它们进行行业排名,结果如表10所示。财险公司的综合投资收益率基本上都大于零,仅有极个别公司在个别年份上是负值。相比总投资收益率,综合投资收益率的取值更加分化,这既跟公司的可供出售金融资产余额的高低有关,更与资本市场行情波动戚戚相关。借助于图10,我们对比了财险业每年的总投资收益率和综合投资收益率,发现两者的趋势演化步调一致,但综合投资收益率的调整幅度比总投资收益率要大得多。例如,2018 年股市下跌严重,险资整体在股票和基金投资上亏损,导致总投资收益率下挫 0.5%,而综合投资收益率下滑的幅度为 1.3%;2019 年资本市场表现向好,带动总投资收益率小幅上涨 0.16%,而综合投资收益率的上浮幅度达到 2.83%。资本市场的景气与否决定了可供出售金融资产的浮盈或者浮亏的走势,并通过可供出售金融资产公允价值变动传导到综合投资收益率上面来,具体体现为资本市场对总投资收益率的影响被进一步放大了。显然,综合投资收益率这一指标更能综合地反映保险公司驾驭资本市场行情的能力。

最后,我们整理出 2017—2021 年的综合投资收益率排名前十位的公司名单,参见表11。与之前分析总投资收益率时类似,若公司的上榜频次越高,反映出其投资运作绩效越佳,表明其应对资本市场行情波动的能力越强。表11 中,锦泰财产、北部湾财产、英大财产、中华联合和永安财险各有 3 次上榜,阳光财产、中远海自保、中路财产、合众财产、亚太财险、安诚财险和国寿财产各有 2 次上榜。这些公司基本上也出现在总投资收益率排名前十的榜单中,为此,它们代表了财险行业的投资翘楚。

（七）总资产收益率（ROA）

表12 2017—2021 年财险公司的总资产收益率及其排名

编号	公司	2017		2018		2019		2020		2021	
		指标值	排名	指标值	排名	指标值	排名	指标值	排名	指标值	排名
1	人保财险	3.94%	6	3.03%	12	4.35%	6	3.41%	10	3.45%	11
2	平安财险	4.71%	3	3.82%	7	5.47%	5	3.81%	8	3.60%	10
3	天安财险	0.09%	47	0.04%	50	−4.90%	71	N/A	N/A	N/A	N/A
4	太保财险	2.72%	16	2.29%	17	3.62%	9	2.98%	12	3.24%	15
5	国寿财险	1.05%	27	0.15%	47	2.56%	18	1.77%	24	0.54%	41
6	中华联合	2.09%	22	1.70%	23	0.86%	36	0.87%	38	0.57%	39
7	大地财产	2.74%	14	1.84%	21	2.29%	20	0.51%	44	0.47%	44
8	阳光财产	3.09%	10	2.09%	18	2.36%	19	2.41%	17	0.71%	37
9	太平财险	1.27%	26	1.04%	32	1.57%	27	0.03%	61	−0.86%	62

（续表）

		2017		2018		2019		2020		2021	
10	众安财产	−10.73%	74	−7.43%	72	−1.88%	61	1.76%	25	7.36%	1
11	华安财险	0.28%	40	−1.44%	53	0.91%	34	0.31%	50	0.15%	55
12	中石油专属	3.09%	11	2.46%	16	2.58%	17	2.82%	14	3.27%	14
13	英大财产	2.47%	17	3.48%	10	7.34%	1	4.98%	4	4.91%	4
14	华泰财险	2.84%	13	0.37%	40	2.85%	15	3.47%	9	3.30%	13
15	中银保险	1.49%	24	1.63%	24	1.86%	26	2.41%	18	2.39%	20
16	紫金财产	0.98%	30	0.20%	44	0.68%	40	1.31%	34	2.02%	23
17	永安财险	2.31%	20	1.43%	27	2.00%	23	1.94%	23	1.26%	29
18	鼎和财产	3.39%	9	5.45%	1	6.68%	2	7.72%	1	7.12%	2
19	诚泰财产	1.35%	25	0.28%	41	0.37%	46	0.21%	52	0.11%	56
20	国任财险	−4.36%	61	−2.74%	62	0.22%	48	0.62%	41	0.55%	40
21	安盛天平	−0.19%	51	−3.50%	64	−1.41%	59	−1.93%	66	−2.59%	68
22	安诚财险	0.04%	50	0.44%	39	−5.58%	72	0.07%	58	0.41%	45
23	泰康在线	−9.13%	71	−8.85%	75	−6.76%	75	−5.63%	76	0.23%	50
24	国元农业	4.38%	4	1.09%	31	1.97%	24	1.97%	22	3.07%	16
25	永诚保险	0.15%	45	−3.68%	65	1.29%	29	1.34%	32	1.10%	30
26	富德财产	0.05%	49	−2.12%	58	−11.43%	81	−4.09%	70	−0.39%	60
27	亚太财险	0.25%	42	0.61%	37	0.70%	39	0.90%	36	−7.22%	77
28	浙商财产	−16.60%	79	−6.60%	70	−3.43%	68	0.37%	47	−1.56%	64
29	都邦保险	0.21%	44	−1.82%	55	−1.45%	60	−0.83%	62	−5.35%	73
30	泰山财险	0.68%	34	0.16%	46	0.22%	47	0.35%	48	−1.90%	66
31	众诚保险	−1.87%	55	0.20%	45	0.92%	33	0.61%	43	1.02%	32
32	安华农业	0.05%	48	−5.83%	68	1.05%	31	1.50%	30	0.92%	33
33	渤海财险	−4.27%	60	−2.24%	60	−6.51%	74	0.13%	57	−6.45%	75
34	铁路自保	3.79%	8	4.39%	4	3.83%	8	2.93%	13	3.78%	9
35	阳光农业	7.69%	1	4.72%	2	0.38%	45	1.61%	26	1.06%	31
36	国泰财产	−5.68%	64	−2.08%	57	0.13%	51	1.52%	29	2.57%	19
37	恒邦财产	0.28%	41	0.26%	42	0.54%	44	0.04%	60	0.22%	52
38	黄河财险	N/A	N/A	−6.54%	69	−2.33%	63	−1.84%	65	0.27%	49
39	华农财险	0.42%	38	0.25%	43	−5.96%	73	0.24%	51	0.33%	46
40	劳合社	1.00%	29	0.94%	33	0.86%	37	0.44%	46	0.64%	38

（续表）

		2017		**2018**		**2019**		**2020**		**2021**	
41	安信农业	4.88%	2	4.40%	3	3.01%	13	3.93%	7	1.81%	25
42	华海财产	−1.47%	53	2.03%	19	0.14%	50	0.20%	53	0.47%	43
43	锦泰财产	0.30%	39	0.13%	48	0.66%	42	0.70%	40	0.87%	34
44	长安责任	−3.75%	59	−34.97%	85	−1.08%	58	−2.27%	67	−1.97%	67
45	北部湾财产	2.73%	15	2.82%	13	0.13%	52	2.16%	20	−2.96%	69
46	阳光信保	0.23%	43	0.78%	36	−11.64%	82	−26.65%	83	−7.05%	76
47	中远海自保	3.88%	7	3.73%	9	3.21%	12	3.09%	11	2.81%	18
48	中原农业	1.00%	28	0.82%	34	0.97%	32	0.93%	35	0.73%	36
49	京东安联	0.82%	32	0.80%	35	0.09%	55	0.62%	42	−0.07%	59
50	中煤财产	−6.19%	65	−1.98%	56	−0.95%	57	0.18%	55	0.53%	42
51	美亚保险	4.36%	5	4.23%	6	6.61%	3	7.34%	2	5.91%	3
52	燕赵财产	−10.48%	72	−7.29%	71	0.11%	53	0.15%	56	0.20%	53
53	中航安盟	1.61%	23	1.17%	29	0.58%	43	−4.57%	73	0.31%	47
54	三星产险	0.53%	36	1.84%	22	2.20%	21	2.44%	16	1.98%	24
55	苏黎世	−1.42%	52	1.10%	30	2.03%	22	1.37%	31	2.33%	21
56	海峡金桥	−6.56%	66	−5.62%	67	−4.42%	69	−4.50%	72	−14.27%	81
57	中意财产	−4.44%	62	−0.85%	52	0.21%	49	0.32%	49	0.29%	48
58	三井住友	2.38%	19	3.41%	11	2.71%	16	2.40%	19	2.95%	17
59	史带财产	2.25%	21	1.50%	26	1.19%	30	0.78%	39	0.10%	57
60	利宝互助	−8.44%	70	−4.74%	66	−2.47%	65	1.98%	21	−4.71%	72
61	鑫安汽车	3.04%	12	4.38%	5	4.25%	7	4.24%	6	4.20%	7
62	长江财产	−4.61%	63	−8.23%	74	−3.29%	66	−7.02%	78	−11.40%	78
63	爱和谊	2.43%	18	2.76%	14	3.25%	11	1.54%	27	0.83%	35
64	现代财产	0.74%	33	1.91%	20	0.90%	35	0.87%	37	−5.68%	74
65	久隆财产	−12.93%	78	0.13%	49	5.55%	4	5.09%	3	4.03%	8
66	易安保险	0.55%	35	−11.98%	79	−10.56%	78	N/A	N/A	N/A	N/A
67	中路财产	−8.12%	69	−11.35%	77	−18.55%	84	−4.25%	71	0.17%	54
68	众惠相互	−11.72%	77	−8.06%	73	−2.34%	64	−1.08%	63	0.23%	51
69	东海航运	−2.66%	58	−2.21%	59	−2.24%	62	−9.17%	79	N/A	N/A
70	前海联合	−10.96%	75	−14.77%	80	−7.21%	76	−3.39%	69	−0.78%	61
71	日本财产	0.93%	31	2.75%	15	2.97%	14	4.28%	5	4.42%	6

		2017		**2018**		**2019**		**2020**		**2021**	
72	安达保险	−1.72%	54	−0.58%	51	0.84%	38	−1.45%	64	1.73%	28
73	东京海上	0.14%	46	1.20%	28	3.30%	10	2.60%	15	4.49%	5
74	融盛财险	N/A	N/A	−18.04%	82	−11.14%	80	−5.12%	74	−3.51%	71
75	珠峰财险	−17.18%	80	−11.97%	78	−26.87%	85	−2.32%	68	−3.19%	70
76	建信财产	−21.39%	82	−8.87%	76	−8.77%	77	−6.73%	77	0.08%	58
77	安心财产	−21.17%	81	−27.38%	83	−3.31%	67	−18.37%	82	−12.92%	79
78	富邦财险	−7.49%	67	−2.26%	61	−4.81%	70	−5.48%	75	3.41%	12
79	瑞再企商	−2.62%	57	−1.53%	54	0.10%	54	0.19%	54	−1.73%	65
80	汇友互助	−10.60%	73	−3.45%	63	−0.86%	56	1.53%	28	2.19%	22
81	广东能源自保	−2.13%	56	3.82%	8	1.51%	28	1.31%	33	1.79%	26
82	合众财产	−11.43%	76	−17.67%	81	−12.85%	83	−11.83%	80	−13.00%	80
83	太平科技	N/A	N/A	−32.21%	84	−10.89%	79	−13.60%	81	−31.47%	82
84	凯本财险	0.45%	37	1.55%	25	1.93%	25	0.47%	45	1.75%	27
85	日本兴亚	−8.10%	68	0.48%	38	0.67%	41	0.06%	59	−1.30%	63

注：1. 指标值根据各家财险公司历年财报整理得到，降序排名；

　　2. N/A表示数据缺失，这与公司尚未开业经营或未按期披露财报有关。

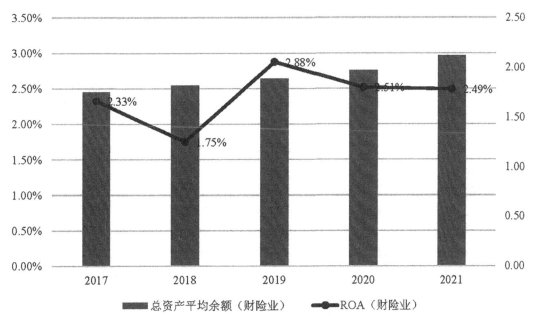

图11　2017—2021年财险业的ROA与总资产平均余额（单位：万亿元）

图例：总资产平均余额（财险业）　　ROA（财险业）

数据标签：2.33%　1.75%　2.88%　2.51%　2.49%

表 13　2021 年 ROA 排名前十的财险公司的指标演化趋势

公司	2017	2018	2019	2020	2021
众安财产	−10.73%	−7.43%	−1.88%	1.76%	7.36%
鼎和财产	3.39%	5.45%	6.68%	7.72%	7.12%
美亚保险	4.36%	4.23%	6.61%	7.34%	5.91%
英大财产	2.47%	3.48%	7.34%	4.98%	4.91%
东京海上	0.14%	1.20%	3.30%	2.60%	4.49%
日本财产	0.93%	2.75%	2.97%	4.28%	4.42%
鑫安汽车	3.04%	4.38%	4.25%	4.24%	4.20%
久隆财产	−12.93%	0.13%	5.55%	5.09%	4.03%
铁路自保	3.79%	4.39%	3.83%	2.93%	3.78%
平安产险	4.71%	3.82%	5.47%	3.81%	3.60%

1. 指标计算公式

$$总资产收益率(ROA) = \frac{净利润}{总资产平均余额} = \frac{净利润}{(期初总资产 + 期末总资产)/2}$$

（公式 7）

2. 指标分析

总资产收益率是衡量保险公司盈利能力的指标，指标取值越大，则表明公司利用其资产创造收益的效率越高。表12 列出 2017—2021 年各家财险公司的总资产收益率及其行业排名。梳理 5 年数据可以发现，财险公司的 ROA 整体在向好发展，ROA 取负值的公司数目呈现下降趋势，其中，2017—2021 年的亏损公司的数目分别是 32 家、35 家、30 家、22 家和 24 家。汇总历年的各家财险公司数据，我们测算出财险行业整体的 ROA。结果如图11 所示，近 5 年来，财险行业积累的资本总量在稳步增加，从 2017 年的 1.75 万亿元上升至 2021 年的 2.11 万亿元，行业整体的 ROA 均为正值，且取值相对稳定，大致在 2.5% 左右小幅波动。

尽管财险行业整体处于盈利状态，但仍有不少公司特别是中小公司深陷亏损状态，更有个别公司亏损严重，ROA 甚至低于 −10%。有许多财险公司因成立时间短而亏损，财险公司通常需要经历 5 至 7 年的成长期后才能进入盈利期，只要它们的亏损幅度在逐步收窄的话，未来扭亏为盈还是可期的。有部分财险公司(特别是专营性保险公司)因业务领域过于单一，经营业绩易受累于主营业务市场不景气的冲击，无法通过多元化经营实现盈亏的内部匀调。例如，融资性信用保证险伴随着个人和小微企业主对"增信、融资"的迫切需求而迅速发展起来，但因经济周期性变化、险企粗放经营、风控管理不到位等原因引发行业性亏损，尤其是经营网络贷款平台 P2P 履约保证保险的公司因 P2P

"暴雷"事件出现巨亏。另有财险公司的经营定位不够明确,经营模式不断调整,市场竞争优势迟迟未能确立,自然在激烈的市场竞争中会败下阵来。例如,疫情推动健康险业务的新一轮增长,不少险企重金布局健康险赛道,但市场竞争拉低了保费收入,医疗成本的快速上涨又抬升了赔付支出,使得健康险业务陷入普遍性亏损,寄予健康险厚望的险企不得不铩羽而归。保险业是一个注重长期稳定经营的行业,这需要险企找准自身具有比较优势的市场细分领域深耕发力,而不能依托踩准市场热点、不断切换赛道来谋求做大做强。

表 14　2017—2021 年众安财险的健康险业务的经营状况(单位:百万元)

	2017	2018	2019	2020	2021
保险金额	4734050.07	20612425.40	62372048.70	138322477.68	213497277.51
保费收入	938.51	2365.38	4638.70	6429.88	7343.78
赔款支出	186.66	619.59	1054.77	1965.05	3917.71
承保利润	−87.29	−77.97	−163.28	91.51	220.48

资料来源:依据众安财险的历年年报整理。

最后,我们考察 2021 年 ROA 排名前十的财险公司的指标演化趋势。如表 13 所示,2021 年 ROA 排名前十的财险公司绝大数在 5 年期上是持续盈利的,而其余的先前有亏损表现的公司在后期均实现了扭亏为盈。这些公司 2021 年的 ROA 能够在行业中排名前列,这与它们在承保端和投资端均有出色表现密切相关。其中,众安财产的表现尤为抢眼,短短 5 年时间内,ROA 排名由 2017 年的探底位次攀升至 2021 年的头名状元。依据综合成本率和保险准备金的资金成本率可知,截至 2021 年众安财产的承保业务仍处于亏损状态,但 2017 年以来这两个指标逐年下降,从而降低了承保端的亏损幅度。另外,由总投资收益率可知,众安财险同期的投资收益水平有上扬趋势。投资端和承保端的共同发力是众安财产短期内扭亏为盈的重要原因。众安财产通过优化产品结构和提升产品品质来实现承保端的绩效改进。通过多年的经营探索,确立了健康险作为公司的主打险种,并从单纯的保障升级到深层次的医疗服务和健康管理,满足客户的保险需求,驱动健康险保费规模增加和承保效益的改善,具体的业务经营数据参见表14。此外,众安财险还压缩了一直亏损的机动车辆保险的业务规模。

(八)净资产收益率(ROE)

表 15　2017—2021 年财险公司的净资产收益率及其排名

编号	公司	2017		2018		2019		2020		2021	
		指标值	排名	指标值	排名	指标值	排名	指标值	排名	指标值	排名
1	人保财险	15.74%	2	11.94%	5	16.07%	4	11.83%	7	11.70%	10

（续表）

		2017		2018		2019		2020		2021	
2	平安财险	21.10%	1	17.75%	1	24.50%	2	16.38%	3	15.03%	5
3	天安财险	0.73%	41	0.22%	49	−13.51%	69	N/A	N/A	N/A	N/A
4	太保财险	10.61%	6	9.85%	9	15.69%	5	12.22%	6	13.47%	9
5	国寿财险	4.01%	29	0.60%	43	10.41%	10	7.19%	19	2.42%	37
6	中华联合	9.52%	9	7.62%	17	3.65%	33	3.58%	32	2.29%	38
7	大地财产	8.49%	12	5.13%	21	6.28%	22	1.53%	45	1.47%	45
8	阳光财产	13.76%	3	10.43%	8	11.46%	9	10.09%	10	3.08%	31
9	太平财险	5.29%	24	4.64%	26	7.23%	18	0.14%	58	−4.63%	63
10	众安财产	−13.67%	68	−10.05%	65	−3.10%	57	3.70%	30	17.40%	3
11	华安财险	0.83%	39	−4.56%	57	3.19%	35	1.22%	46	0.65%	50
12	中石油专属	6.17%	21	5.12%	22	5.45%	26	5.92%	22	6.20%	21
13	英大财产	9.56%	8	14.52%	2	28.29%	1	16.09%	5	13.92%	8
14	华泰财险	7.34%	13	1.02%	37	8.35%	15	9.89%	11	8.94%	12
15	中银保险	4.28%	28	5.36%	20	5.92%	25	7.20%	18	6.77%	18
16	紫金财产	2.82%	30	0.59%	44	2.03%	40	5.28%	25	5.36%	23
17	永安财险	6.35%	18	4.11%	29	5.98%	24	5.78%	23	3.72%	30
18	鼎和财产	6.87%	15	11.77%	6	15.03%	6	17.06%	2	19.31%	2
19	诚泰财产	1.78%	34	0.37%	46	0.45%	50	0.25%	57	0.14%	58
20	国任财险	−10.96%	63	−8.04%	60	0.80%	44	1.82%	43	1.70%	42
21	安盛天平	−0.55%	51	−9.78%	64	−4.16%	61	−6.10%	65	−8.46%	69
22	安诚财险	0.07%	49	0.75%	40	−9.89%	66	0.12%	59	0.77%	49
23	泰康在线	−23.88%	75	−35.02%	82	−22.91%	75	−23.31%	78	1.07%	47
24	国元农业	9.26%	10	2.60%	35	4.88%	28	4.60%	28	8.22%	15
25	永诚保险	0.59%	43	−16.85%	71	6.15%	23	6.01%	21	5.36%	24
26	富德财产	0.07%	50	−3.64%	54	−23.91%	77	−10.41%	70	−1.09%	60
27	亚太财险	0.51%	45	1.29%	36	1.60%	41	2.15%	40	−18.71%	74
28	浙商财产	−88.94%	82	−33.99%	81	−22.97%	76	2.76%	35	−5.78%	66
29	都邦保险	0.86%	37	−7.45%	58	−6.00%	62	−3.53%	64	−25.64%	76
30	泰山财险	1.32%	35	0.34%	48	0.51%	49	0.83%	53	−5.29%	65
31	众诚保险	−4.29%	54	0.64%	41	2.15%	38	1.01%	51	1.86%	39
32	安华农业	0.35%	47	−33.02%	80	8.02%	16	10.31%	9	5.11%	25

（续表）

		2017		2018		2019		2020		2021	
33	渤海财险	−14.65%	70	−9.77%	63	−39.42%	82	0.98%	52	−44.63%	80
34	铁路自保	6.24%	19	8.88%	11	7.83%	17	5.47%	24	6.64%	19
35	阳光农业	13.48%	4	8.62%	13	0.67%	47	2.59%	36	1.85%	40
36	国泰财产	−12.34%	66	−7.54%	59	0.41%	52	3.67%	31	6.23%	20
37	恒邦财产	0.35%	48	0.35%	47	0.78%	45	0.07%	61	0.38%	56
38	黄河财险	N/A	N/A	−8.66%	62	−3.30%	58	−3.02%	63	0.48%	52
39	华农财险	0.79%	40	0.63%	42	−19.88%	73	1.02%	50	1.50%	44
40	劳合社	5.58%	23	5.89%	19	5.01%	27	2.22%	39	2.86%	34
41	安信农业	10.26%	7	9.78%	10	7.11%	20	9.50%	12	3.79%	28
42	华海财产	−5.84%	57	8.34%	14	0.55%	48	0.79%	54	1.84%	41
43	锦泰财产	0.86%	38	0.42%	45	2.21%	36	2.36%	38	2.99%	33
44	长安责任	−24.25%	76	1197.11%	—	24.49%	—	−27.64%	79	−29.68%	77
45	北部湾财产	7.04%	14	8.17%	15	0.41%	51	7.88%	14	−12.02%	71
46	阳光信保	0.52%	44	0.94%	38	−14.06%	70	−36.31%	81	−10.19%	70
47	中远海自保	4.55%	26	4.60%	27	4.58%	30	4.96%	26	4.91%	26
48	中原农业	2.54%	31	2.80%	34	2.17%	37	1.76%	44	1.57%	43
49	京东安联	6.85%	16	3.95%	31	0.36%	53	3.03%	34	−0.41%	59
50	中煤财产	−40.17%	81	−12.68%	67	−7.35%	63	1.07%	48	2.62%	35
51	美亚保险	11.81%	5	11.47%	7	16.61%	3	17.30%	1	14.68%	7
52	燕赵财产	−17.53%	73	−14.32%	68	0.22%	55	0.33%	56	0.44%	55
53	中航安盟	4.51%	27	3.23%	33	1.51%	42	−12.74%	72	0.91%	48
54	三星产险	2.04%	32	6.67%	18	6.71%	21	7.32%	16	7.58%	17
55	苏黎世	−4.84%	55	4.01%	30	7.17%	19	4.68%	27	8.01%	16
56	海峡金桥	−8.16%	59	−8.57%	61	−7.43%	64	−8.12%	68	−29.92%	78
57	中意财产	−11.19%	64	−2.59%	52	0.71%	46	1.13%	47	1.08%	46
58	三井住友	8.75%	11	12.08%	4	9.11%	12	7.52%	15	8.49%	14
59	史带财产	6.21%	20	5.00%	23	4.61%	29	3.43%	33	0.47%	53
60	利宝互助	−33.64%	78	−19.80%	74	−9.96%	67	7.25%	17	−18.60%	73
61	鑫安汽车	5.28%	25	8.78%	12	9.66%	11	10.79%	8	10.60%	11
62	长江财产	−10.46%	60	−21.70%	75	−9.79%	65	−23.19%	77	−35.08%	79
63	爱和谊	6.51%	17	7.76%	16	8.97%	13	4.34%	29	2.50%	36

（续表）

		2017		2018		2019		2020		2021	
64	现代财产	1.79%	33	4.90%	24	3.25%	34	1.87%	42	−8.43%	68
65	久隆财产	−15.69%	72	0.19%	50	8.69%	14	7.10%	20	5.52%	22
66	易安保险	0.72%	42	−23.44%	77	−25.02%	79	N/A	N/A	N/A	N/A
67	中路财产	−10.72%	61	−18.92%	73	−41.49%	83	−12.70%	71	0.45%	54
68	众惠相互	−12.82%	67	−10.51%	66	−4.08%	60	−2.30%	62	0.53%	51
69	东海航运	−3.52%	53	−3.50%	53	−3.89%	59	−18.25%	75	N/A	N/A
70	前海联合	−15.22%	71	−30.87%	79	−22.52%	74	−14.55%	74	−3.95%	62
71	日本财产	5.65%	22	14.35%	3	12.80%	7	16.34%	4	14.98%	6
72	安达保险	−7.21%	58	−2.50%	51	3.92%	32	−7.63%	67	8.56%	13
73	东京海上	0.46%	46	4.22%	28	11.47%	8	9.28%	13	15.26%	4
74	融盛财险	N/A	N/A	−18.87%	72	−14.27%	71	−7.57%	66	−5.09%	64
75	珠峰财险	−23.32%	74	−22.72%	76	−73.06%	85	−9.61%	69	−14.89%	72
76	建信财产	−26.80%	77	−14.47%	69	−16.58%	72	−14.50%	73	0.19%	57
77	安心财产	−36.14%	79	−90.09%	84	−24.95%	78	−1020.11%	83	74.23%	—
78	富邦财险	−38.94%	80	−16.36%	70	−38.16%	81	−41.12%	82	25.88%	1
79	瑞再企商	−5.17%	56	−3.66%	55	0.30%	54	0.70%	55	−6.98%	67
80	汇友互助	−10.92%	62	−3.93%	56	−1.18%	56	2.45%	37	3.75%	29
81	广东能源自保	−2.31%	52	4.73%	25	2.06%	39	1.94%	41	3.06%	32
82	合众财产	−13.83%	69	−25.34%	78	−25.68%	80	−32.83%	80	−24.11%	75
83	太平科技	N/A	N/A	−36.95%	83	−13.38%	68	−18.79%	76	−52.66%	81
84	凯本财险	1.13%	36	3.87%	32	4.34%	31	1.05%	49	3.96%	27
85	日本兴亚	−11.91%	65	0.82%	39	1.05%	43	0.09%	60	−1.84%	61

注：1. 指标值根据各家财险公司历年财报整理得到，降序排名；

2. N/A 表示数据缺失，这与公司尚未开业经营或未按期披露财报有关；

3. 剔除 ROE 异常值（包括长安责任，2018 年和 2019 年；安心财险，2021 年），它们虽然取正值，但是由负的净利润和净资产平均余额共同促成的，显然不能代表高的收益水平。

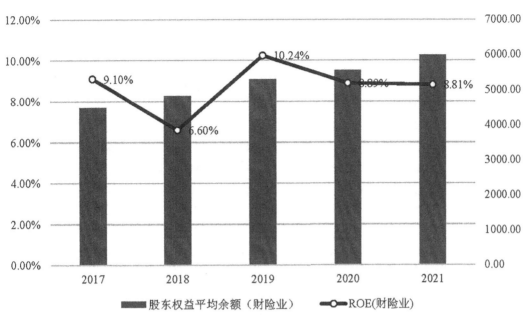

图 12 2017—2021 年财险业的净资产收益率与股东权益平均余额（单位：亿元）

表 16 2017—2021 年净资产收益率排名前十的财险公司

排名	2017		2018		2019		2020		2021	
	公司	指标值	公司	指标值	公司	指标值	公司	指标值	公司	指标值
1	平安产险	21.10%	平安产险	17.75%	英大财产	28.29%	美亚保险	17.30%	富邦财险	25.88%
2	人保财险	15.74%	英大财产	14.52%	平安产险	24.50%	鼎和财产	17.06%	鼎和财产	19.31%
3	阳光财产	13.76%	日本财产	14.35%	美亚保险	16.61%	平安产险	16.38%	众安财产	17.40%
4	阳光农业	13.48%	三井住友	12.08%	人保财险	16.07%	日本财产	16.34%	东京海上	15.26%
5	美亚保险	11.81%	人保财险	11.94%	太保财险	15.69%	英大财产	16.09%	平安产险	15.03%
6	太保财险	10.61%	鼎和财产	11.77%	鼎和财产	15.03%	太保财险	12.22%	日本财产	14.98%
7	安信农业	10.26%	美亚保险	11.47%	日本财产	12.80%	人保财险	11.83%	美亚保险	14.68%
8	英大财产	9.56%	阳光财产	10.43%	东京海上	11.47%	鑫安汽车	10.79%	英大财产	13.92%
9	中华联合	9.52%	太保财险	9.85%	阳光财产	11.46%	安华农业	10.31%	太保财险	13.47%
10	国元农业	9.26%	安信农业	9.78%	国寿财险	10.41%	阳光财产	10.09%	人保财险	11.70%

1. 指标计算公式

$$净资产收益率(ROE) = \frac{净利润}{股东权益平均余额} = \frac{净利润}{(期初股东权益＋期末股东权益)/2}$$

（公式 8）

2. 指标分析

净资产收益率反映股东权益的收益水平，用于衡量公司运作自有资金的效率。ROE越高，说明1单位股东权益投资带来的回报越高。表15列出各家财险公司5年考察期的ROE取值情况及其相应的行业排名。ROE的取值符号多数情况下是由公司盈亏状况决定的，但也有一些异常值值得我们关注。例如，虽然2018年和2019年的长安责任、2021年的安心财险的ROE取正值，但不能据此推断出它们获利了，由于这些ROE的正值是由负的净利润和净资产平均余额共同促成的，反而表明这两家公司的经营亏损很严重，以至于股东权益都已经出现了亏空。整体而言，经营时间越长、业务规模越大的财险公司，ROE指标更会取正值，表明这些公司经过长期的经营模式探索已经找到合适的生存获利之道；反之，开业时间较短的中小公司则很多尚处于亏损状态，有待时日才能扭亏为盈。即便公司的ROE的取值分化很大，但财险行业吸纳的股东投资在逐年稳步增加，行业整体的ROE取较为平稳的正值，除2018年之外其余年份保持在9%左右，详见图12。

为筛选出财险行业中经营绩效优异的公司，我们整理出2017—2021年ROE排名前十的公司名单（如表16所示）。由表16可知，平安财险、人保财险和太保财险、美亚保险、英大财险连续5年上榜，日本财产、鼎和财产、阳光财产有4次上榜，东京海上有2次上榜。上榜频次越多的公司，代表股东收益回报就处于行业头部。老三家凭借长期的经营积累连续上榜不足为怪，但一些中小公司能够频频出现在榜单中实属难能可贵，它们已经形成了独到的经营模式确保自身能在激烈的行业竞争中脱颖而出。

（九）利差

表17 2017—2021年财险公司的利差及其排名

编号	公司	2017		2018		2019		2020		2021	
		指标值	排名	指标值	排名	指标值	排名	指标值	排名	指标值	排名
1	人保财险	18.87%	4	6.83%	11	6.32%	16	5.54%	17	5.05%	19
2	平安财险	9.48%	5	8.69%	10	10.13%	9	6.36%	14	5.88%	18
3	天安财险	−6.58%	41	−15.27%	55	−18.15%	61	N/A	N/A	N/A	N/A
4	太保财险	5.98%	9	5.96%	14	7.21%	15	5.61%	16	6.12%	17
5	国寿财险	2.73%	20	1.12%	28	2.30%	28	1.82%	28	−0.70%	34
6	中华联合	2.53%	22	−18.83%	63	−22.98%	66	11.84%	7	9.26%	12
7	大地财产	5.40%	13	3.62%	21	5.52%	19	−0.99%	35	−0.76%	36
8	阳光财产	5.69%	11	5.23%	15	3.69%	25	4.29%	22	−0.44%	33
9	太平财险	2.54%	21	2.40%	25	2.40%	27	−3.40%	45	−6.67%	54
10	众安财产	−102.94%	69	−46.90%	67	−14.96%	58	−3.55%	46	4.40%	20

（续表）

		2017		2018		2019		2020		2021	
11	华安财险	−5.37%	37	−9.62%	49	−4.12%	43	−3.29%	44	−3.58%	43
12	中石油专属	−1.93%	31	−1.69%	34	3.86%	24	4.79%	18	6.84%	16
13	英大财产	5.60%	12	9.20%	8	20.12%	4	14.04%	4	13.67%	8
14	华泰财险	4.50%	14	−1.19%	33	2.48%	26	4.17%	23	2.99%	27
15	中银保险	0.16%	25	3.74%	19	1.81%	29	4.54%	21	3.45%	24
16	紫金财产	−2.50%	34	−3.07%	36	−3.00%	41	−2.51%	39	−0.15%	30
17	永安财险	2.89%	19	1.73%	27	6.21%	17	4.54%	20	2.24%	28
18	鼎和财产	9.14%	7	12.83%	5	15.95%	5	18.59%	3	24.06%	3
19	诚泰财产	−24.18%	59	−23.76%	64	−26.35%	67	−29.97%	72	−19.24%	68
20	国任财险	−18.33%	54	−12.81%	51	−7.24%	48	−4.27%	50	−5.24%	50
21	安盛天平	−6.15%	39	−13.28%	52	−11.46%	55	−9.31%	57	−12.37%	65
22	安诚财险	−8.75%	45	−7.64%	46	−20.47%	63	−9.04%	56	−6.47%	53
23	泰康在线	−150.22%	76	−51.07%	71	−32.33%	69	−20.32%	69	−3.81%	45
24	国元农业	5.69%	10	−1.09%	31	1.00%	30	0.88%	31	3.88%	23
25	永诚保险	−1.46%	29	−14.34%	54	0.59%	33	2.05%	26	3.00%	26
26	富德财产	−12.60%	50	−13.66%	53	−44.95%	72	−15.99%	65	−5.20%	49
27	亚太财险	−8.05%	43	−4.36%	37	−3.32%	42	−1.76%	38	−20.80%	69
28	浙商财产	−35.87%	62	−15.48%	56	−8.58%	53	−4.12%	48	−8.68%	57
29	都邦保险	−2.18%	32	−4.83%	39	−7.32%	49	−4.73%	51	−10.29%	63
30	泰山财险	−6.34%	40	−4.49%	38	−6.03%	46	−7.17%	53	−12.28%	64
31	众诚保险	−7.86%	42	−2.42%	35	−8.05%	52	−10.84%	58	−10.12%	61
32	安华农业	−3.14%	36	−17.23%	59	5.21%	21	2.05%	27	−0.31%	31
33	渤海财险	−11.93%	49	−6.38%	44	−17.02%	59	−1.34%	37	−18.79%	67
34	铁路自保	40.73%	1	39.14%	2	35.13%	1	13.27%	5	18.75%	5
35	阳光农业	22.51%	2	11.07%	6	−7.38%	51	1.62%	30	4.07%	22
36	国泰财产	−20.99%	56	−8.86%	47	−4.87%	44	−2.93%	41	0.71%	29
37	恒邦财产	−24.51%	60	−16.69%	57	−13.93%	57	−16.33%	66	−14.27%	66
38	黄河财险	N/A	N/A	−284.26%	81	−90.29%	80	−274.96%	82	−158.81%	81
39	华农财险	−8.96%	46	−5.46%	41	−22.01%	65	−4.00%	47	−2.59%	40
40	劳合社	—	—	—	—	—	—	—	—	—	—
41	安信农业	9.45%	6	8.86%	9	8.97%	10	7.13%	13	−2.22%	37

（续表）

		2017		2018		2019		2020		2021	
42	华海财产	−29.65%	61	−18.35%	62	0.65%	31	−4.24%	49	−2.37%	39
43	锦泰财产	−2.95%	35	−1.15%	32	−1.35%	37	−1.06%	36	−0.76%	35
44	长安责任	−11.59%	48	−58.70%	73	−2.34%	39	−2.97%	42	−4.42%	47
45	北部湾财产	3.32%	18	4.42%	18	0.64%	32	4.65%	19	−5.34%	51
46	阳光信保	−160.48%	77	−74.78%	75	−179.14%	82	−135.04%	80	−35.17%	72
47	中远海自保	−84.14%	66	43.55%	1	23.47%	3	27.45%	2	28.66%	2
48	中原农业	−0.85%	26	−0.27%	29	0.21%	34	7.18%	12	−8.88%	58
49	京东安联	1.12%	23	2.66%	24	−7.01%	47	−0.99%	34	−9.33%	59
50	中煤财产	−17.64%	53	−6.93%	45	−5.95%	45	−3.27%	43	−3.15%	42
51	美亚保险	19.59%	3	19.81%	3	32.48%	2	38.56%	1	30.04%	1
52	燕赵财产	−67.44%	65	−17.60%	61	−19.90%	62	−18.43%	67	−2.33%	38
53	中航安盟	0.41%	24	1.93%	26	−0.06%	35	−13.66%	62	−4.08%	46
54	三星产险	−1.81%	30	6.11%	13	8.38%	12	10.41%	8	10.04%	10
55	苏黎世	−8.30%	44	5.07%	16	5.37%	20	3.45%	24	7.18%	15
56	海峡金桥	−127.28%	72	−48.35%	68	−35.04%	71	−26.33%	70	−41.78%	75
57	中意财产	−18.62%	55	−6.18%	43	−1.95%	38	0.74%	32	4.19%	21
58	三井住友	7.27%	8	10.94%	7	8.39%	11	6.33%	15	7.47%	14
59	史带财产	3.48%	17	3.28%	22	4.74%	22	1.77%	29	−2.86%	41
60	利宝互助	−17.63%	52	−11.80%	50	−7.38%	50	0.69%	33	−10.19%	62
61	鑫安汽车	4.27%	15	14.72%	4	13.84%	6	10.21%	9	20.07%	4
62	长江财产	−22.26%	57	−32.30%	65	−20.95%	64	−28.27%	71	−38.68%	74
63	爱和谊	3.85%	16	4.99%	17	4.58%	23	2.81%	25	−0.40%	32
64	现代财产	−2.30%	33	−0.88%	30	−2.57%	40	−18.59%	68	−77.77%	78
65	久隆财产	−115.01%	71	−16.82%	58	10.68%	8	12.46%	6	15.46%	7
66	易安保险	−48.79%	63	−49.49%	69	−28.53%	68	N/A	N/A	N/A	N/A
67	中路财产	−86.17%	67	−49.67%	70	−53.19%	74	−14.47%	63	−4.78%	48
68	众惠相互	−535.09%	80	−144.17%	79	−32.34%	70	−12.22%	59	−7.15%	55
69	东海航运	−133.12%	73	−78.25%	76	−67.69%	78	−91.63%	79	N/A	N/A
70	前海联合	−98.39%	68	−40.02%	66	−17.33%	60	−6.59%	52	−3.77%	44
71	日本财产	−1.11%	28	6.39%	12	7.91%	13	8.35%	10	11.96%	9
72	安达保险	−5.54%	38	−5.37%	40	5.93%	18	−2.72%	40	8.70%	13

（续表）

		2017		2018		2019		2020		2021	
73	东京海上	−1.01%	27	2.81%	23	11.99%	7	8.08%	11	16.21%	6
74	融盛财险	N/A	N/A	−1503.56%	83	−247.73%	83	−76.74%	78	−46.39%	76
75	珠峰财险	−138.28%	75	−52.84%	72	−66.70%	77	−7.54%	54	−8.23%	56
76	建信财产	−257.77%	78	−70.65%	74	−57.17%	76	−37.05%	74	−9.51%	60
77	安心财产	−103.37%	70	−91.05%	77	−46.34%	73	−74.54%	77	−38.15%	73
78	富邦财险	−16.53%	51	−5.46%	42	−12.12%	56	−15.77%	64	9.83%	11
79	瑞再企商	−23.19%	58	−17.55%	60	−1.06%	36	−7.81%	55	−21.22%	70
80	汇友互助	−3346.92%	81	−755.32%	82	−173.34%	81	−36.04%	73	−5.86%	52
81	广东能源自保	−372.12%	79	−173.95%	80	−78.55%	79	−68.54%	76	−65.36%	77
82	合众财产	−135.59%	74	−94.97%	78	−53.19%	75	−47.11%	75	−80.10%	79
83	太平科技	N/A	N/A	−3999.65%	84	−447.28%	84	−179.41%	81	−140.80%	80
84	凯本财险	−9.88%	47	3.62%	20	7.72%	14	−12.73%	60	3.27%	25
85	日本兴亚	−60.17%	64	−9.05%	48	−9.91%	54	−13.13%	61	−21.67%	71

注:1.指标值根据各家财险公司历年财报整理得到,降序排名;

2.N/A表示数据缺失,这与公司尚未开业经营或未按期披露财报有关。

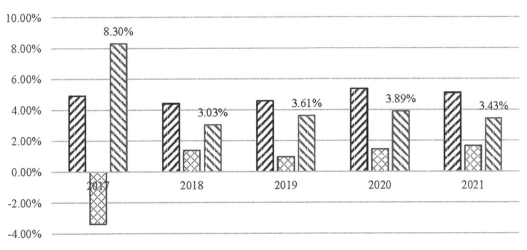

图 13　2017—2021 年财险业的利差及其构成

表 18　2017—2021 年利差排名前十的财险公司

排名	2017		2018		2019		2020		2021	
	公司	指标值	公司	指标值	公司	指标值	公司	指标值	公司	指标值
1	铁路自保	40.73%	中远海自保	43.55%	铁路自保	35.13%	美亚保险	38.56%	美亚保险	30.04%
2	阳光农业	22.51%	铁路自保	39.14%	美亚保险	32.48%	中远海自保	27.45%	中远海自保	28.66%
3	美亚保险	19.59%	美亚保险	19.81%	中远海自保	23.47%	鼎和财产	18.59%	鼎和财产	24.06%
4	人保财险	18.87%	鑫安汽车	14.72%	英大财产	20.12%	英大财产	14.04%	鑫安汽车	20.07%
5	平安产险	9.48%	鼎和财产	12.83%	鼎和财产	15.95%	铁路自保	13.27%	铁路自保	18.75%
6	安信农业	9.45%	阳光农业	11.07%	鑫安汽车	13.84%	久隆财产	12.46%	东京海上	16.21%
7	鼎和财产	9.14%	三井住友	10.94%	东京海上	11.99%	中华联合	11.84%	久隆财产	15.46%
8	三井住友	7.27%	英大财产	9.20%	久隆财产	10.68%	三星产险	10.41%	英大财产	13.67%
9	太保财险	5.98%	安信农业	8.86%	平安产险	10.13%	鑫安汽车	10.21%	日本财产	11.96%

1. 指标计算公式

利差＝总投资收益率－保险准备金的资金成本率

（公式 9）

2. 指标分析

　　类似于商业银行的净利息差的分析模式，利差是衡量保险公司利用保险业务负债的杠杆来获取利润的能力。理论上，保险业务形成的投资资产＝保险准备金－应收分保准备金，因此，总投资收益率与保险准备金的资金成本率这两个指标具有可比性，利差就定义为两者之差。利差为正，表明保险业务产生的资金投资运作后扣除承保端的资金成本能够获利；利差为负，则表明保险投资获得的收益不足以弥补承保端的资金成本，保险业务整体上面临亏损。需要说明的是，利差指标的分析口径仅仅着眼于保险业务本身，未涵盖非保险业务，因此，由利差指标得出的盈利状况的结论可能与 ROA、ROE 的分析存在差异。

　　如表 17 所示，利用前面分析得到的总投资收益率和保险准备金的资金成本率，算出了各家公司的利差，并据此开展降序排名。其中，人保财险、平安财险、太保财险、英大财产、中银保险、永安财险、鼎和财产、铁路自保、美亚保险、三井住友和鑫安汽车这 11 家公司连续 5 年都有正的利差，这与它们在承保端能稳定地获取利润且投资端持续有正收益贡献是分不开的。其余公司在个别年份甚至全部年份上有负利差的表现，由于它们历年的总投资收益率基本能取正值，因而负利差是由承保端亏损引发的，这表明很多财险公司需要从提升承保业务质量入手来提升经营效益。

为分析行业整体的利差,绘图查看 2017—2021 年财险业的利差及其构成情况。如图 13 所示,除 2017 年行业承保盈利外,其余年份均出现承保亏损,但亏损幅度都小于 2%;投资端的收益水平相对稳定,基本保持在 5% 左右;行业利差在 5 个年度上都为正值,但波动较大。2017 年宏观经济改善与积极的财政政策利好非车险业务,促进非车险业务快速增长,进而提升了财险行业整体的承保绩效;同时,投资收益率受资本市场利好和资本配置结构优化的双重驱动取得较高水平。投资端和承保端的共同发力催生出了 2017 年的高利差。由于传统财产险和政策性业务竞争加剧,信用保证险遭遇"暴雷"事件而赔付严重,健康险成本隐忧开始显现,车险综合改革推行降费增保举措,这使得财险业 2017 年后实现承保盈利困难重重。当前保险公司的资金运用以固收类为主,权益市场波动对其投资收益有影响但作用程度不大,使得行业整体的收益水平呈现出企稳态势。虽然行业整体有正的利差,但占据市场份额近七成的"老三家"的利差均高于同期的行业均值,这表明行业利差数据看似喜人,实际上却掩盖了众多中小公司保险业务经营亏损的现状。

表 18 罗列了 2017—2021 年财险业的利差排名前十的公司名单及其指标值。很多中小公司频频上榜,且利差幅度远超行业均值,揭示出它们具有良好的保险业务的经营能力,在行业普遍承保亏损的局面下,它们能够获得高的承保利润实属不易。按上榜频次推断,以下公司经营表现非常出色:铁路自保、鼎和财产和美亚保险(5 次上榜),中远海自保、鑫安汽车和英大财产(4 次上榜),久隆财产(3 次上榜),安信农业、东京海上、三井住友、阳光农业和平安产险(2 次上榜)。

（十）核心偿付能力充足率

表 19　2017—2021 年财险公司的核心偿付能力充足率及其排名

编号	公司	2017		2018		2019		2020		2021	
		指标值	排名	指标值	排名	指标值	排名	指标值	排名	指标值	排名
1	人保财险	229.20%	59	228.58%	61	251.71%	51	249.86%	47	265.95%	47
2	平安财险	193.95%	69	201.53%	67	216.13%	61	213.51%	56	248.56%	54
3	天安财险	83.50%	82	126.05%	82	185.59%	70	N/A	N/A	N/A	N/A
4	太保财险	240.00%	56	234.00%	56	233.00%	57	225.00%	52	238.00%	55
5	国寿财险	210.40%	64	195.37%	69	213.04%	62	190.63%	66	176.48%	69
6	中华联合	211.60%	63	216.00%	65	187.32%	68	173.18%	72	187.39%	67
7	大地财产	267.00%	47	434.00%	26	371.00%	30	338.00%	32	368.00%	29
8	阳光财产	148.01%	77	140.55%	78	172.00%	78	197.19%	63	183.13%	68
9	太平财险	179.00%	71	191.00%	70	185.00%	71	164.00%	74	144.00%	76

（续表）

		2017		2018		2019		2020		2021	
10	众安财产	1178.31%	4	599.59%	18	502.48%	17	560.48%	13	472.35%	18
11	华安财险	242.43%	54	210.14%	66	183.25%	73	156.84%	77	142.81%	77
12	中石油专属	441.00%	22	429.00%	27	382.00%	28	361.00%	25	388.00%	25
13	英大财产	154.09%	75	163.68%	76	218.34%	60	218.10%	54	237.35%	56
14	华泰财险	348.67%	32	279.60%	46	326.12%	35	321.34%	34	328.29%	37
15	中银保险	259.23%	50	260.67%	49	302.00%	39	365.00%	24	398.50%	24
16	紫金财产	283.14%	43	293.14%	42	261.74%	48	577.99%	12	463.60%	19
17	永安财险	239.61%	57	252.37%	53	232.12%	58	221.33%	53	256.01%	48
18	鼎和财产	271.48%	45	229.30%	60	245.61%	54	271.10%	44	282.71%	44
19	诚泰财产	989.00%	7	1492.00%	6	1580.00%	2	848.00%	5	786.00%	6
20	国任财险	309.35%	38	299.06%	39	295.87%	41	359.60%	26	251.13%	52
21	安盛天平	264.43%	49	296.28%	40	266.75%	47	231.88%	50	223.28%	58
22	安诚财产	716.78%	14	513.14%	21	454.08%	19	506.51%	17	495.41%	17
23	泰康在线	344.95%	33	291.64%	43	419.93%	22	211.65%	59	337.39%	36
24	国元农业	391.95%	27	335.01%	34	392.86%	27	286.46%	40	358.56%	32
25	永诚保险	203.82%	66	195.52%	68	212.56%	63	192.09%	64	215.03%	60
26	富德财产	753.55%	13	716.21%	12	584.21%	15	418.57%	20	385.55%	27
27	亚太财险	326.05%	34	360.19%	33	327.54%	34	315.44%	36	216.60%	59
28	浙商财产	199.77%	67	116.88%	83	104.00%	84	128.66%	80	386.87%	26
29	都邦保险	194.00%	68	167.00%	75	168.00%	79	163.00%	75	124.00%	80
30	泰山财险	474.66%	21	459.98%	23	362.37%	31	359.14%	27	316.72%	39
31	众诚保险	350.30%	30	427.25%	28	682.67%	11	536.97%	15	526.58%	15
32	安华农业	130.00%	80	152.56%	77	185.81%	69	177.76%	71	176.48%	69
33	渤海财险	149.00%	76	140.00%	79	116.22%	83	108.24%	81	101.72%	81
34	铁路自保	617.93%	17	567.72%	19	672.61%	12	834.42%	6	828.98%	5
35	阳光农业	356.70%	29	424.87%	29	278.66%	46	268.54%	45	316.34%	40
36	国泰财产	288.55%	41	126.58%	81	238.21%	56	201.62%	62	312.96%	41
37	恒邦财产	1024.13%	6	919.96%	9	744.88%	9	613.49%	11	644.89%	9
38	黄河财险	N/A	N/A	1648.48%	5	1005.83%	6	903.77%	4	909.77%	4
39	华农财险	427.59%	23	320.29%	35	201.17%	66	191.64%	65	194.19%	65
40	劳合社	349.64%	31	369.62%	32	402.50%	25	506.06%	18	550.98%	13

		2017		2018		2019		2020		2021	
41	安信农业	310.00%	37	300.00%	38	303.00%	38	297.00%	39	425.00%	21
42	华海财产	209.34%	65	169.56%	73	183.89%	72	179.62%	69	168.94%	72
43	锦泰财产	280.00%	44	230.00%	58	246.00%	53	239.00%	48	249.00%	53
44	长安责任	104.03%	81	−152.60%	85	92.82%	85	76.42%	82	63.21%	82
45	北部湾财产	296.76%	40	256.29%	50	202.30%	65	187.71%	67	158.60%	74
46	阳光信保	1115.14%	5	1198.93%	7	1182.61%	4	389.31%	22	760.09%	8
47	中远海自保	504.00%	19	444.00%	25	420.00%	21	386.00%	23	427.00%	20
48	中原农业	314.21%	35	229.70%	59	398.70%	26	397.43%	21	312.14%	42
49	京东安联	212.20%	62	547.10%	20	405.60%	24	320.10%	35	198.20%	63
50	中煤财产	181.76%	70	133.47%	80	126.03%	81	214.84%	55	214.08%	61
51	美亚保险	240.01%	55	222.80%	63	257.24%	49	257.04%	46	252.56%	51
52	燕赵财产	501.83%	20	481.83%	22	544.07%	16	553.53%	14	543.80%	14
53	中航安盟	247.56%	53	217.68%	64	253.60%	50	210.36%	61	282.62%	45
54	三星产险	163.93%	74	398.01%	31	355.07%	32	212.16%	58	226.88%	57
55	苏黎世	167.16%	73	190.40%	71	182.78%	74	181.16%	68	175.59%	71
56	海峡金桥	840.00%	10	918.22%	10	649.16%	13	506.98%	16	338.11%	35
57	中意财产	285.00%	42	230.90%	57	190.03%	67	177.80%	70	190.94%	66
58	三井住友	251.00%	52	268.56%	48	285.16%	42	301.82%	38	379.44%	28
59	史带财产	271.33%	46	275.27%	47	245.52%	55	231.69%	51	254.91%	50
60	利宝互助	140.00%	78	168.00%	74	175.88%	76	232.26%	49	158.63%	73
61	鑫安汽车	613.43%	18	637.69%	15	446.07%	20	311.49%	37	366.99%	30
62	长江财产	302.51%	39	293.67%	41	249.75%	52	210.85%	60	417.19%	22
63	爱和谊	311.00%	36	304.00%	37	321.38%	37	279.00%	41	274.88%	46
64	现代财产	232.00%	58	227.00%	62	221.21%	59	742.16%	7	611.85%	12
65	久隆财产	760.96%	12	644.53%	14	612.13%	14	702.54%	8	782.41%	7
66	易安保险	363.42%	28	174.69%	72	336.15%	33	N/A	N/A	N/A	N/A
67	中路财产	645.40%	15	404.64%	30	206.14%	64	156.87%	76	294.36%	43
68	众惠相互	1533.05%	3	903.53%	11	482.38%	18	326.83%	33	326.85%	38
69	东海航运	781.67%	11	969.75%	8	787.69%	8	442.46%	19	207.10%	62
70	前海联合	407.99%	26	279.80%	45	177.80%	75	153.18%	78	131.11%	79
71	日本财产	169.33%	72	240.30%	55	297.95%	40	341.71%	30	414.20%	23

（续表）

		2017		**2018**		**2019**		**2020**		**2021**	
72	安达保险	214.00%	61	252.48%	52	284.32%	43	212.54%	57	197.13%	64
73	东京海上	264.60%	48	242.74%	54	280.25%	45	274.02%	43	350.26%	34
74	融盛财险	N/A	N/A	7152.00%	1	1012.00%	5	1238.85%	2	986.50%	2
75	珠峰财险	629.71%	16	616.06%	16	174.87%	77	170.03%	73	148.45%	75
76	建信财产	854.15%	9	609.67%	17	412.81%	23	352.25%	29	255.91%	49
77	安心财产	408.46%	25	253.51%	51	124.66%	82	−175.83%	83	−360.65%	83
78	富邦财险	133.72%	79	101.90%	84	156.84%	80	152.26%	79	135.50%	78
79	瑞再企商	252.00%	51	309.00%	36	284.00%	44	339.00%	31	361.30%	31
80	汇友互助	7645.39%	2	2157.53%	3	947.08%	7	652.18%	10	616.74%	11
81	广东能源自保	10524.00%	1	2157.71%	2	1993.78%	1	1299.50%	1	947.64%	3
82	合众财产	874.43%	8	683.75%	13	381.57%	29	352.44%	28	1092.91%	1
83	太平科技	N/A	N/A	1887.44%	4	1487.81%	3	1203.36%	3	515.29%	16
84	凯本财险	219.00%	60	290.00%	44	323.00%	36	276.21%	42	351.17%	33
85	日本兴亚	424.35%	24	458.73%	24	691.74%	10	665.50%	9	618.27%	10

注:1.指标值根据各家财险公司历年财报整理得到,降序排名;

　　2.N/A表示数据缺失,这与公司尚未开业经营或未按期披露财报有关。

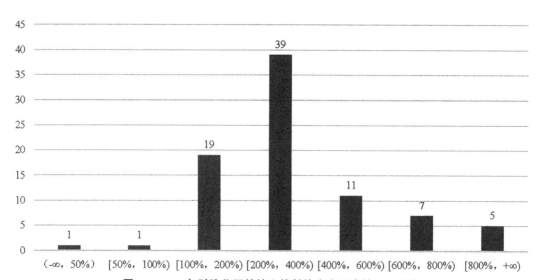

图 14　2021 年财险公司的核心偿付能力充足率的区间分布

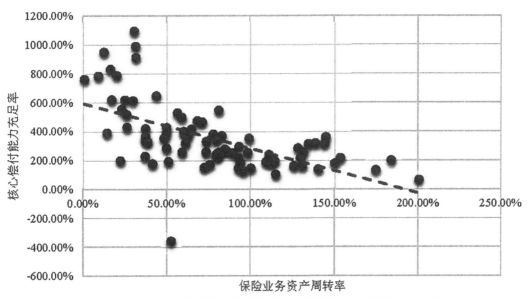

图 15 2021 年财险公司的保险业务资产周转率与核心偿付能力充足率

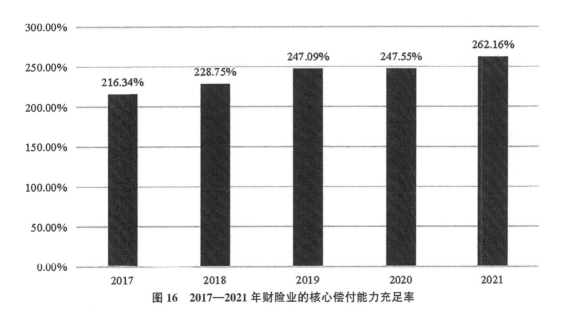

图 16 2017—2021 年财险业的核心偿付能力充足率

1. 指标计算公式

$$核心偿付能力充足率＝\frac{核心资本}{最低资本}$$

（公式 10）

2. 指标分析

核心偿付能力充足率,即核心资本与最低资本的比值,用于衡量保险公司高质量资本的充足状况的偿付能力监管指标。其中，核心资本是指保险公司在持续经营和破产清算状态下均可以吸收损失的资本。最低资本是指基于审慎监管目的，为使保险公司具有适当的财务资源应对各类可量化为资本要求的风险对偿付能力的不利影响，所要求保险公司应当具有的资本数额。依据《保险公司偿付能力管理规定》，一旦保险公司的核心偿付能力充足率低于50%，它将被银保监会列为偿付能力不达标公司[①]，并根据保险公司的风险成因和风险程度，依法采取针对性的监管措施，以督促保险公司恢复偿付能力或在难以持续经营的状态下维护保单持有人的利益。

如表19所示，我们整理了2017—2021年财险公司的核心偿付能力充足率并进行年度降序排名。除安心财险之外，其余发布偿付能力季度报告的财险公司核心偿付能力充足率都能达标，且多数公司的指标值远超警戒线50%，以2021年为例，有39家公司的核心偿付能力充足率落入[200%，400%)的区间上（参见图14），反映出绝大多数财险公司配备有充足的高质量资本以防范各类风险损失。查看历年偿付能力充足率排名前十公司的指标值，发现它们的取值都非常高，例如，2021年偿付能力充足率排名前十的公司的指标值均超过了600%。由于排名靠前的险企的成立时间较短，保险业务规模相对于其资产规模而言偏低，或者说，保险业务规模尚未达到公司的资产运作效率的饱和度，致使它们的最低资本偏低，进而催生出高的核心偿付能力充足率。随着公司发展壮大，业务规模逐步扩张，风险暴露不断增加，最低资本随之上升，核心偿付能力充足率也将降至合理水平。为了验证上述论断，我们沿用"资产周转率"的指标定义开发了"保险业务资产周转率"，即保险业务资产周转率＝保险业务收入/总资产平均余额，用于测度保险公司的资产运作效率。如图15所示，以2021年数据为例，财险公司的核心偿付能力充足率与保险业务资产周转率之间存在负向的趋势关系，表明随着保险公司资产运作效率的提高，核心偿付能力充足率会随之降低。成熟险企的保险业务资产周转率集中在行业均值87.86%附近，初创险企的保险业务资产周转率通常低于50%，这表明初创险企的资产运作还不够充分，有待通过业务扩容来提升运作效率。核心偿付能力充足率仅是评价偿付能力是否达标的三个条件之一，当综合偿付能力充足率或者风险综合评级不符合监管要求时，公司仍可被银保监会判定为偿付能力不达标。2021年，安心财产因核心偿付能力充足率和综合偿付能力充足率均为－360.65%且风险综合评级为D类而偿付能力不达标，阳光信保和渤海财险因风险综合评级为C类而被列为偿付能力不达标公司。

此外，在汇总公司原始数据的基础上，我们测算了财险行业的核心偿付能力充足率。财险业的核心偿付能力充足率不是对各家公司的核心偿付能力充足率取均值得到的，而是汇总各家公司的核心资本和最低资本后把两者相除得出的。如图16所示，近5年来，财险业的核心偿付能力充足率一直在稳步上升，从2017年的216.34%攀升至2021年的262.16%，这说明财险业可用于吸收损失的高质量资本在增加，行业整体的风险防控能力在提升。2016年起，偿二代一期监管规则开始实施，从偿一代到偿二代的升级，实现偿付能力监管从规模导向转变为风险导向，确立起定量资本要求、定性资本要求、市场约束三大监管支柱。在偿付能力监管规则的"风险导向"的背景下，财险业的核心偿付能力充足

[①] 根据《保险公司偿付能力管理规定》，保险公司偿付能力达标需要同时满足以下三个条件：核心偿付能力充足率≥50%；综合偿付能力充足率≥100%；风险综合评级在B类及以上。

率能有正向演化趋势,这意味着财险公司的经营策略已随监管规则转换做出降低风险暴露的转变,或者通过外部融资增加了核心资本的储备。

(十一) 综合偿付能力充足率

表20　2017—2021 年财险公司的综合偿付能力充足率及其排名

编号	公司	2017 指标值	排名	2018 指标值	排名	2019 指标值	排名	2020 指标值	排名	2021 指标值	排名
1	人保财险	278.28%	47	275.40%	49	282.11%	46	288.82%	40	283.82%	45
2	平安财险	217.47%	64	223.76%	66	259.17%	54	241.39%	51	278.44%	49
3	天安财险	103.80%	82	159.44%	79	236.99%	62	N/A	N/A	N/A	N/A
4	太保财险	267.00%	50	306.00%	37	293.00%	42	276.00%	44	288.00%	44
5	国寿财险	210.40%	68	195.37%	72	213.04%	67	223.89%	58	209.08%	65
6	中华联合	295.07%	41	301.00%	40	263.32%	52	238.24%	54	209.77%	64
7	大地财产	267.00%	50	434.00%	26	371.00%	30	338.00%	32	368.00%	29
8	阳光财产	204.73%	70	200.05%	71	225.17%	65	252.70%	50	268.78%	51
9	太平财险	216.00%	65	225.00%	65	271.00%	51	239.00%	52	216.00%	61
10	众安财产	1178.31%	4	599.59%	18	502.48%	17	560.48%	13	472.35%	18
11	华安财险	255.43%	55	222.06%	68	194.10%	71	173.10%	74	177.40%	72
12	中石油专属	441.00%	22	429.00%	27	382.00%	28	361.00%	25	388.00%	25
13	英大财产	154.09%	77	220.89%	69	274.84%	49	266.02%	48	283.70%	46
14	华泰财险	348.67%	32	279.60%	48	326.12%	35	321.34%	34	328.29%	37
15	中银保险	259.23%	54	260.67%	52	302.00%	39	365.00%	24	398.50%	24
16	紫金财产	283.14%	45	293.14%	44	261.74%	53	577.99%	12	463.60%	19
17	永安财险	239.61%	61	252.37%	56	232.12%	63	221.33%	60	256.01%	52
18	鼎和财产	271.48%	48	229.30%	63	245.61%	59	271.10%	46	282.71%	47
19	诚泰财产	989.00%	7	1492.00%	6	1580.00%	2	848.00%	5	786.00%	6
20	国任财险	309.35%	38	299.06%	42	295.87%	41	359.60%	26	251.13%	56
21	安盛天平	283.19%	44	301.23%	39	271.52%	50	236.57%	55	228.37%	58
22	安诚财险	716.78%	14	513.14%	21	454.08%	19	506.51%	17	495.41%	17
23	泰康在线	344.95%	33	291.64%	45	419.93%	22	211.65%	64	337.39%	36
24	国元农业	391.95%	27	335.01%	34	392.86%	27	286.46%	41	358.56%	32
25	永诚保险	250.31%	58	232.39%	59	229.28%	64	192.09%	68	215.03%	62

（续表）

		2017		2018		2019		2020		2021	
26	富德财产	753.55%	13	716.21%	12	584.21%	15	418.57%	20	385.55%	27
27	亚太财险	326.05%	34	360.19%	33	327.54%	34	315.44%	36	216.60%	60
28	浙商财产	263.42%	53	171.20%	75	161.15%	81	128.66%	81	386.87%	26
29	都邦保险	194.00%	71	167.00%	78	168.00%	80	163.00%	76	124.00%	81
30	泰山财险	474.66%	21	459.98%	23	362.37%	31	359.14%	27	316.72%	39
31	众诚保险	350.30%	30	427.25%	28	682.67%	11	536.97%	15	526.58%	15
32	安华农业	130.00%	81	152.56%	80	185.81%	73	177.76%	73	176.48%	73
33	渤海财险	149.00%	78	140.00%	81	116.22%	85	108.24%	82	101.72%	82
34	铁路自保	617.93%	17	567.72%	19	672.61%	12	834.42%	6	828.98%	5
35	阳光农业	356.70%	29	424.87%	29	278.66%	48	268.54%	47	316.34%	40
36	国泰财产	288.55%	42	126.58%	83	238.21%	61	201.62%	67	312.96%	41
37	恒邦财产	1024.13%	6	919.96%	9	744.88%	9	613.49%	11	644.89%	9
38	黄河财险	N/A	N/A	1648.48%	5	1005.83%	6	903.77%	4	909.77%	4
39	华农财险	427.59%	23	320.29%	35	201.17%	70	191.64%	69	194.19%	69
40	劳合社	349.64%	31	369.62%	32	402.50%	25	506.06%	18	550.98%	13
41	安信农业	310.00%	37	300.00%	41	303.00%	38	297.00%	39	425.00%	21
42	华海财产	209.34%	69	169.56%	76	183.89%	75	179.62%	71	168.94%	75
43	锦泰财产	280.00%	46	230.00%	61	246.00%	58	239.00%	52	249.00%	57
44	长安责任	184.70%	72	−152.60%	85	185.64%	74	152.84%	79	126.42%	80
45	北部湾财产	296.76%	40	256.29%	53	202.30%	69	222.61%	59	192.49%	70
46	阳光信保	1115.14%	5	1198.93%	7	1182.61%	4	389.31%	22	760.09%	8
47	中远海自保	504.00%	19	444.00%	25	420.00%	21	386.00%	23	427.00%	20
48	中原农业	314.21%	35	229.70%	62	398.70%	26	397.43%	21	312.14%	42
49	京东安联	212.20%	67	547.10%	20	405.60%	24	320.10%	35	198.20%	67
50	中煤财产	181.76%	73	133.47%	82	126.03%	83	214.84%	61	214.08%	63
51	美亚保险	240.01%	60	222.80%	67	257.24%	55	257.04%	49	252.56%	55
52	燕赵财产	501.83%	20	481.83%	22	544.07%	16	553.53%	14	543.80%	14
53	中航安盟	247.56%	59	217.68%	70	253.60%	56	210.36%	66	282.62%	48
54	三星产险	163.93%	76	398.01%	31	355.07%	32	212.16%	63	226.88%	59
55	苏黎世	167.16%	75	190.40%	73	182.78%	76	181.16%	70	175.59%	74
56	海峡金桥	840.00%	10	918.22%	10	649.16%	13	506.98%	16	338.11%	35

（续表）

		2017		2018		2019		2020		2021	
57	中意财产	285.00%	43	230.90%	60	190.03%	72	177.80%	72	190.94%	71
58	三井住友	251.00%	57	268.56%	51	285.16%	43	301.82%	38	379.44%	28
59	史带财产	271.33%	49	275.27%	50	245.52%	60	231.69%	57	254.91%	54
60	利宝互助	140.00%	79	168.00%	77	175.88%	78	232.26%	56	158.63%	76
61	鑫安汽车	613.43%	18	637.69%	15	446.07%	20	311.49%	37	366.99%	30
62	长江财产	302.51%	39	293.67%	43	249.75%	57	210.85%	65	417.19%	22
63	爱和谊	311.00%	36	304.00%	38	321.38%	37	279.00%	42	274.88%	50
64	现代财产	232.00%	62	227.00%	64	221.21%	66	742.16%	7	611.85%	12
65	久隆财产	760.96%	12	644.53%	14	612.13%	14	702.54%	8	782.41%	7
66	易安保险	363.42%	28	174.69%	74	336.15%	33	N/A	N/A	N/A	N/A
67	中路财产	645.40%	15	404.64%	30	206.14%	68	156.87%	77	294.36%	43
68	众惠相互	1533.05%	3	903.53%	11	482.38%	18	326.83%	33	326.85%	38
69	东海航运	781.67%	11	969.75%	8	787.69%	8	442.46%	19	207.10%	66
70	前海联合	407.99%	26	279.80%	47	177.80%	77	153.18%	78	131.11%	79
71	日本财产	169.33%	74	240.30%	58	297.95%	40	341.71%	30	414.20%	23
72	安达保险	214.00%	66	252.48%	55	284.32%	44	212.54%	62	197.13%	68
73	东京海上	264.60%	52	242.74%	57	280.25%	47	274.02%	45	350.26%	34
74	融盛财险	N/A	N/A	7152.00%	1	1012.00%	5	1238.85%	2	986.50%	2
75	珠峰财险	629.71%	16	616.06%	16	174.87%	79	170.03%	75	148.45%	77
76	建信财产	854.15%	9	609.67%	17	412.81%	23	352.25%	29	255.91%	53
77	安心财产	408.46%	25	253.51%	54	124.66%	84	—175.83%	83	—360.65%	83
78	富邦财险	133.72%	80	101.90%	84	156.84%	82	152.26%	80	135.50%	78
79	瑞再企商	252.00%	56	309.00%	36	284.00%	45	339.00%	31	361.30%	31
80	汇友互助	7645.39%	2	2157.53%	3	947.08%	7	652.18%	10	616.74%	11
81	广东能源自保	10524.00%	1	2157.71%	2	1993.78%	1	1299.50%	1	947.64%	3
82	合众财产	874.43%	8	683.75%	13	381.57%	29	352.44%	28	1092.91%	1
83	太平科技	N/A	N/A	1887.44%	4	1487.81%	3	1203.36%	3	515.29%	16
84	凯本财险	219.00%	63	290.00%	46	323.00%	36	276.21%	43	351.17%	33
85	日本兴亚	424.35%	24	458.73%	24	691.74%	10	665.50%	9	618.27%	10

注：1. 指标值根据各家财险公司历年财报整理得到，降序排名；

2. N/A表示数据缺失，这与公司尚未开业经营或未按期披露财报有关。

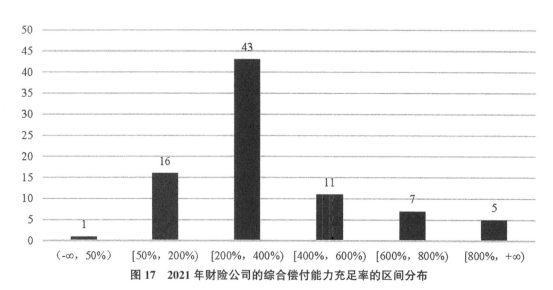

图 17　2021 年财险公司的综合偿付能力充足率的区间分布

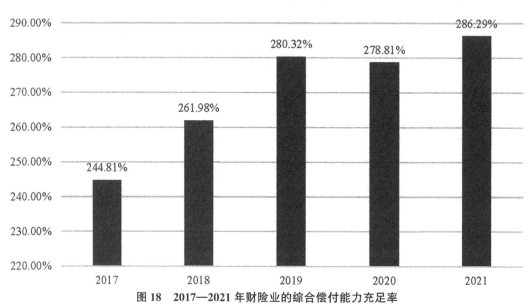

图 18　2017—2021 年财险业的综合偿付能力充足率

1. 指标计算公式

$$综合偿付能力充足率 = \frac{实际资本}{最低资本}$$

（公式 11）

2. 指标分析

综合偿付能力充足率,即实际资本与最低资本的比值,用于衡量保险公司资本的总体充足状况的偿付能力监管指标。实际资本是指保险公司在持续经营或破产清算状态下可以吸收损失的财务资源。实际资本等于认可资产减去认可负债后的余额。根据资本吸收损失的性质和能力,实际资本划分为核心资本和附属资本两类。附属资本是指在破产清算状态下可以吸收损失的资本,附属资本又分为附属一级资本和附属二级资本。在偿二代一期规则下,附属一级资本主要有次级定期债务、资本补充债券、可转换次级债、以公允价值计量的投资性房地产的公允价值增值、自有房地产中曾以公允价值计量的房地产的累计评估增值等,附属二级资本主要是应急资本。

　　我们对 2017—2021 年财险公司的综合偿付能力充足率进行行业排名,结果如表 20 所示。绝大多数公司的综合偿付能力充足率与核心偿付能力充足率是一样的,这意味着它们的实际资本就是完全由核心资本组成的;只有少部分公司因发行次级债融资、计量房地产增值、配置应急资本等操作而存在附属资本,使得实际资本高于核心资本,进而使得综合偿付能力充足率超过核心偿付能力充足率。从综合偿付能力充足率可推断出的财险公司的经营规律,与之前核心偿付能力充足率额的分析结论一致。对于处于业务成长期的财险公司而言,随着经营年份的增加,保险业务规模的增长,用于防范偿付能力风险的财务资源变得越来越紧缺,反映到综合(核心)偿付能力充足率指标上面来,指标值在公司开业后逐年有快速下降的趋势。当然,财险公司不会为了追求业务扩张,任由其综合(核心)偿付能力充足率下滑至银保监会设定的监管红线,而会出于审慎经营的考虑将这些指标值保持在较高的水平上。如图 17 所示,2021 年有超过半数的财险公司的综合偿付能力充足率处于[200%,400%)的区间上,远超监管红线 100%。有少数公司因业务经营不善,综合偿付能力充足率逼近 100% 或已低于 100%,迫切需要通过增资来缓解偿付能力不足的压力,但更要完善业务模式以实现可持续经营。

　　此外,估算了财险业的综合偿付能力充足率,并查看它 5 年来的发展趋势。如图 18 所示,财险业的综合偿付能力充足率高位运行,表明整体而言财险行业有充足的财务资源来防范各类风险损失;同时,行业指标值上涨趋势明显,说明财险公司在偿二代一期监管规则实施以来的风险防范意识在增强,增加可以吸收损失的财务资源,或者优化经营模式降低最低资本的计提要求,这也反映出偿二代对财险公司确实产生了"风险导向"的积极效应。

(十二) 保险风险最低资本占比

表 21　2017—2021 年财险公司的保险风险最低资本占比及其转换值排名

编号	公司	2017		2018		2019		2020		2021	
		指标值	排名	指标值	排名	指标值	排名	指标值	排名	指标值	排名
1	人保财险	63.15%	27	66.63%	21	59.56%	3	55.95%	30	55.00%	34
2	平安财险	63.99%	29	69.85%	32	66.54%	17	70.18%	29	67.27%	21
3	天安财险	4.05%	79	6.97%	84	10.38%	83	N/A	N/A	N/A	N/A
4	太保财险	77.33%	58	76.19%	45	76.86%	44	71.71%	37	74.48%	45

（续表）

		2017		2018		2019		2020		2021	
5	国寿财险	72.59%	46	74.75%	41	69.97%	25	66.63%	15	68.75%	30
6	中华联合	57.60%	14	62.45%	5	60.28%	2	59.27%	16	62.04%	6
7	大地财产	74.29%	50	75.60%	42	66.24%	15	65.65%	9	65.96%	15
8	阳光财产	56.54%	11	62.86%	6	65.91%	13	58.63%	18	67.54%	22
9	太平财险	61.29%	21	66.03%	18	64.27%	7	65.70%	11	68.04%	26
10	众安财产	57.91%	15	79.65%	55	66.93%	19	55.62%	31	57.37%	25
11	华安财险	76.01%	54	76.25%	46	74.81%	39	71.66%	36	61.08%	10
12	中石油专属	28.41%	48	34.10%	67	33.99%	67	36.98%	69	52.19%	42
13	英大财产	86.91%	73	84.50%	64	80.75%	55	80.79%	50	80.59%	60
14	华泰财险	54.24%	6	49.90%	36	55.59%	16	56.26%	28	58.41%	18
15	中银保险	69.54%	36	61.28%	1	71.53%	27	64.49%	6	62.84%	1
16	紫金财产	62.71%	25	68.86%	27	72.79%	31	62.07%	5	58.16%	19
17	永安财产	53.81%	5	56.68%	14	59.03%	4	63.09%	1	61.61%	8
18	鼎和财产	82.98%	69	87.12%	66	88.12%	68	85.00%	63	83.16%	62
19	诚泰财产	25.43%	57	25.11%	78	36.02%	63	24.10%	78	22.06%	81
20	国任财险	59.03%	17	66.90%	22	64.59%	8	60.10%	13	60.52%	12
21	安盛天平	70.17%	39	69.64%	31	71.97%	28	71.20%	33	62.39%	2
22	安诚财险	71.32%	42	55.59%	20	56.89%	10	55.35%	32	56.70%	29
23	泰康在线	70.72%	40	81.06%	57	77.00%	45	81.98%	55	70.24%	33
24	国元农业	81.35%	67	83.38%	61	87.59%	66	89.76%	70	86.03%	66
25	永诚保险	56.00%	9	65.73%	17	72.60%	30	76.79%	44	75.63%	51
26	富德财产	59.99%	20	63.13%	8	80.69%	54	67.94%	20	68.79%	31
27	亚太财险	47.63%	7	56.28%	16	65.87%	12	62.19%	4	59.57%	14
28	浙商财产	80.22%	64	79.46%	54	81.15%	56	69.50%	26	61.29%	9
29	都邦保险	78.83%	61	74.34%	38	77.71%	49	75.76%	42	74.78%	47
30	泰山财险	48.87%	4	51.67%	33	55.50%	18	57.03%	24	55.97%	32
31	众诚保险	59.56%	19	67.59%	23	53.40%	21	42.90%	58	50.66%	46
32	安华农业	78.71%	60	79.73%	56	73.65%	36	69.53%	27	68.36%	27
33	渤海财险	62.06%	24	60.34%	2	60.77%	1	66.41%	14	67.89%	24
34	铁路自保	21.40%	65	30.19%	75	25.07%	77	31.35%	73	31.30%	74
35	阳光农业	81.13%	66	83.82%	62	87.01%	64	88.84%	67	91.76%	72

（续表）

		2017		2018		2019		2020		2021	
36	国泰财产	72.93%	47	89.24%	70	83.69%	61	84.97%	62	76.21%	53
37	恒邦财产	32.16%	38	39.87%	58	47.87%	37	44.62%	53	46.75%	57
38	黄河财险	N/A	N/A	24.76%	79	16.73%	80	24.56%	76	36.65%	70
39	华农财险	69.37%	35	68.96%	29	76.15%	43	69.20%	23	74.96%	49
40	劳合社	0.00%	81	0.00%	85	0.00%	84	0.00%	83	0.00%	83
41	安信农业	87.63%	74	85.63%	65	79.10%	52	74.06%	39	72.33%	40
42	华海财产	56.64%	12	65.17%	12	71.06%	26	62.85%	3	62.07%	5
43	锦泰财产	65.04%	31	73.77%	37	72.91%	32	76.82%	45	72.03%	39
44	长安责任	57.35%	13	82.40%	59	80.69%	53	85.64%	64	67.61%	23
45	北部湾财产	79.84%	63	82.52%	60	83.58%	60	75.55%	41	75.33%	50
46	阳光信保	28.24%	49	51.17%	34	81.98%	57	91.44%	71	87.71%	68
47	中远海自保	3.97%	80	9.90%	83	16.15%	81	21.44%	81	26.28%	79
48	中原农业	78.86%	62	77.22%	51	78.88%	51	65.99%	12	63.07%	3
49	京东安联	47.18%	8	37.74%	63	49.18%	33	54.91%	35	54.89%	35
50	中煤财产	71.49%	43	76.56%	48	82.27%	58	81.51%	52	85.40%	65
51	美亚保险	29.93%	45	27.81%	77	27.51%	76	27.41%	75	26.81%	77
52	燕赵财产	45.90%	10	53.64%	24	56.87%	11	71.29%	34	73.56%	44
53	中航安盟	90.22%	76	88.37%	68	87.12%	65	84.15%	61	87.20%	67
54	三星产险	19.26%	70	46.26%	43	37.51%	62	24.13%	77	22.84%	80
55	苏黎世	38.39%	28	44.69%	50	47.62%	38	47.77%	46	46.87%	56
56	海峡金桥	43.74%	16	59.53%	4	58.55%	5	57.02%	25	61.81%	7
57	中意财产	61.66%	22	59.86%	3	63.61%	6	65.06%	7	65.47%	13
58	三井住友	71.06%	41	68.33%	25	66.13%	14	67.31%	17	74.88%	48
59	史带财产	43.15%	18	47.19%	40	46.06%	42	34.37%	72	28.96%	76
60	利宝互助	90.87%	77	90.29%	73	88.57%	69	87.04%	65	87.96%	69
61	鑫安汽车	52.30%	2	58.60%	9	53.13%	22	43.99%	57	41.15%	64
62	长江财产	37.60%	30	45.33%	47	43.76%	50	44.08%	56	67.23%	20
63	爱和谊	88.53%	75	90.52%	74	90.03%	71	89.12%	68	89.37%	71
64	现代财产	30.08%	44	33.47%	69	30.47%	74	24.08%	79	33.08%	73
65	久隆财产	69.57%	37	71.60%	35	N/A	N/A	80.39%	49	66.29%	16
66	易安保险	49.39%	3	68.89%	28	53.13%	23	N/A	N/A	N/A	N/A

（续表）

		2017		2018		2019		2020		2021	
67	中路财产	27.75%	51	45.83%	44	50.02%	29	46.92%	47	52.00%	43
68	众惠相互	9.13%	78	56.54%	15	72.95%	34	67.94%	19	71.42%	38
69	东海航运	34.97%	34	43.10%	52	49.10%	35	63.30%	2	76.17%	52
70	前海联合	50.08%	1	69.27%	30	77.14%	46	83.65%	59	62.24%	4
71	日本财产	78.52%	59	74.56%	39	77.31%	48	75.86%	43	76.69%	54
72	安达保险	63.06%	26	65.18%	13	74.98%	41	80.94%	51	64.79%	11
73	东京海上	76.49%	55	79.32%	53	82.38%	59	80.24%	48	80.29%	59
74	融盛财险	N/A	N/A	68.83%	26	23.36%	79	42.34%	60	45.42%	58
75	珠峰财险	40.26%	23	58.98%	7	57.33%	9	68.87%	22	72.36%	41
76	建信财产	66.47%	33	63.61%	10	69.31%	24	65.68%	10	70.98%	37
77	安心财产	81.68%	68	90.05%	72	92.14%	75	95.35%	74	96.38%	75
78	富邦财险	74.70%	52	76.64%	49	77.30%	47	73.35%	38	70.72%	36
79	瑞再企商	25.44%	56	28.69%	76	30.60%	73	44.56%	54	47.03%	55
80	汇友互助	17.24%	71	14.50%	82	30.75%	72	52.10%	40	68.48%	28
81	广东能源自保	N/A	N/A	20.51%	80	24.62%	78	22.54%	80	26.35%	78
82	合众财产	75.92%	53	89.37%	71	89.74%	70	88.44%	66	44.60%	61
83	太平科技	N/A	N/A	55.82%	19	67.23%	20	57.62%	21	83.89%	63
84	凯本财险	15.49%	72	16.45%	81	11.92%	82	15.11%	82	18.62%	82
85	日本兴亚	66.13%	32	57.72%	11	74.93%	40	65.33%	8	66.73%	17

注:1. 指标值根据各家财险公司历年财报整理得到,行业排名不用原始的指标值而是其转换值,即按偏离程度$_{保险风险}$ = |公司指标值$_{保险风险}$ — 行业均值$_{保险风险}$|的升序确定;

2. N/A表示数据缺失,这与公司尚未开业经营或未按期披露财报有关。

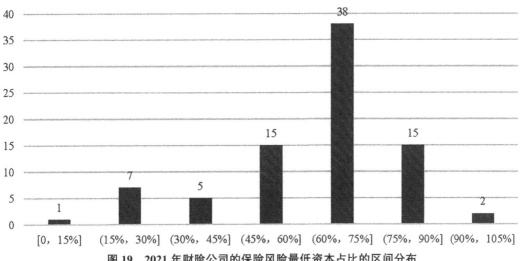

图 19　2021 年财险公司的保险风险最低资本占比的区间分布

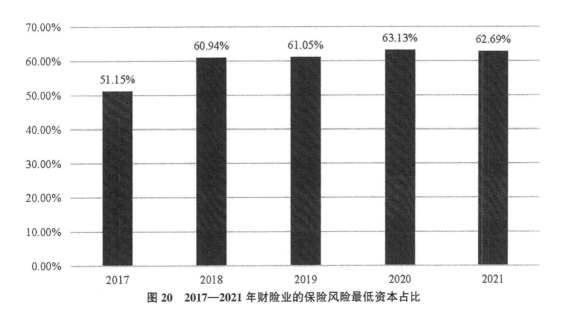

图 20　2017—2021 年财险业的保险风险最低资本占比

1. 指标计算公式

$$保险风险最低资本占比 = \frac{保险风险最低资本}{最低资本}$$

（公式 12）

2. 指标分析

为了考察财险公司的经营风险的构成情况,我们依次测算了保险风险最低资本、市场风险最低资本和信用风险最低资本在最低资本中的比重。需要说明的是,由于最低资本的汇总计量采用了相关系数矩阵法,充分考虑各类风险之间的分散效应,因此,保险风险最低资本、市场风险最低资本和信用风险最低资本的累加值超过了量化风险最低资本。此外，最低资本的构成中，除了量化风险最低资本，还可能包括控制风险最低资本、附加资本（如逆周期附加资本、D－SII 附加资本、G－SII 附加资本等）等。因此，允许上述三类风险最低资本占比之和不等于 1。

保险风险最低资本占比，即保险风险最低资本与最低资本的比值，用于衡量财险公司的保险风险的暴露情况。依据偿二代一期的监管规则，财险公司的保险风险最低资本是由保费风险最低资本、准备金风险最低资本、巨灾风险最低资本汇总得到的。若一家财险公司的保险风险最低资本占比很高，不代表该公司的"保险姓保"程度越高，反而可能反映出公司在承保端面临很多问题，由于赔付水平、费用水平等的实际经验与预期发生不利偏离，导致保险公司遭受非预期损失的可能性很高。反之，保险风险最低资本占比很低，也不能解读为该公司保险保障程度低，"保险不姓保"，也不能据此推断该公司管控保险风险的能力很强。考虑以下的极端情况，若一家财险公司把承保的业务完全分出或者不承保任何风险，那么它的保险风险最低资本为零，显然这不能成为判定该公司保险业务经营出色的依据。因此，财险公司对保险风险管控到位的话，其保险风险最低资本占比取某个中间值较为合适。至于这个中间值的理想值，我们认为可以选取财险业的保险风险最低资本占比（以下简称行业均值_{保险风险}）来作参照值，理由是行业均值代表了群体决策的智慧。

鉴于上述分析，直接基于保险风险最低资本占比的原始值开展行业排名意义不大，有必要对原始值作适当处理，以便得到能够反映财险公司保险风险管理能力的转换值。我们选用行业均值_{保险风险}作为理想取值的参照，测算各家公司的保险风险最低资本占比的偏离程度，即偏离程度_{保险风险}＝|公司指标值_{保险风险}－行业均值_{保险风险}|，然后按偏离程度_{保险风险}的升序确定行业排名，以便横向比较各家公司的保险风险管理水平。表 21 既列明了 2017—2021 年各家财险公司的指标原始值，又给出了依据偏离程度得到的行业排名。保险风险最低资本占比的分布呈现出集聚性和对称性。以 2021 年为例，有 38 家公司的指标值处于中心区间（60%，75%）上，落入两侧对称区间的公司数量随着指标值与中心区间的距离的增大而快速下降（详见图 19）。估算偏离程度要用到的行业均值_{保险风险}的取值信息如图 20 所示，近 5 年来的行业均值_{保险风险}呈现出稳步上升的趋势。这说明险企配置的最低资本用于防范保险风险的比重在增加，相应的防范投资风险的最低资本占比会降低，这在一定程度上折射出保险业"负债驱动投资"的运营特征更加凸显。

保险风险最低资本占比与后续要分析的市场风险最低资本占比、信用风险最低资本占比相互之间构成此消彼长的关系，这就限定了它的取值范围。加上绝大多数公司的保险风险最低资本占比集中于行业均值_{保险风险}附近，这使得它们的偏离程度_{保险风险}的取值偏差非常小，排名可能夸大公司之间的真实差异。因此，对于这些公司的排名，我们无须过度关注，适当参考即可。对于偏离程度_{保险风险}取得极大值的公司更应值得关注。尽管只有个别公司有此极端表现，但排查它们背后的原因很有意义。它们或者面临高的保险风险暴露，或者防范保险风险不得力，或者通过再保分出了大部分保险风险，或者业务重心已偏向投资端等。例如，劳合社只做再保业务，分入业务后又几乎全部再保险分出，使得每年的净自留责任几乎为零；由于几乎没有保险风险暴露，所以保险风险最低资本始终为零,导致其保险风险最低资本占比也一直取零。例如,安心财险的保险风险最低资本占比远超行业均值保险风险,这与其保险风险暴露在不断增大有关。据安心财险 2020 年报披露,新单业务减少、分期健康险业务退保增加及对信保准备金谨慎评估进行增提等因素叠加致使其 2020 年的保险风险最低资本的大幅增加。

(十三) 市场风险最低资本占比

表 22　2017—2021 年财险公司的市场风险最低资本占比及其转换值排名

编号	公司	2017		2018		2019		2020		2021	
		指标值	排名	指标值	排名	指标值	排名	指标值	排名	指标值	排名
1	人保财险	41.08%	16	38.69%	2	48.62%	15	53.66%	27	50.96%	20
2	平安财险	44.79%	11	36.42%	5	40.78%	1	40.92%	1	46.57%	11
3	天安财险	95.89%	68	95.11%	85	93.62%	84	N/A	N/A	N/A	N/A
4	太保财险	19.28%	49	21.42%	41	20.97%	41	29.24%	30	26.17%	30
5	国寿财险	29.07%	33	26.00%	31	29.57%	27	39.98%	3	36.97%	10
6	中华联合	31.82%	32	25.19%	36	36.64%	11	33.75%	17	17.78%	51
7	大地财产	25.95%	39	25.84%	32	39.27%	5	40.58%	2	37.56%	9
8	阳光财产	59.11%	17	50.29%	25	51.47%	21	58.40%	36	47.95%	14
9	太平财险	27.46%	36	26.28%	29	29.36%	28	33.51%	19	34.12%	15
10	众安财产	45.97%	10	25.43%	35	43.86%	6	55.36%	32	52.49%	25
11	华安财险	22.86%	41	22.39%	39	32.50%	19	36.13%	12	48.05%	16
12	中石油专属	3.22%	69	3.51%	72	7.48%	62	7.21%	70	10.29%	64
13	英大财产	15.84%	52	17.28%	50	20.22%	43	24.25%	37	23.44%	39
14	华泰财险	19.59%	48	25.55%	34	32.50%	20	36.73%	11	29.79%	23
15	中银保险	21.61%	45	17.22%	51	17.92%	47	27.16%	33	27.69%	26
16	紫金财产	41.44%	15	33.30%	16	30.24%	23	45.59%	8	52.45%	24
17	永安财险	46.51%	8	39.30%	1	39.70%	4	35.25%	13	42.99%	4
18	鼎和财产	24.47%	40	14.73%	56	12.27%	58	18.97%	46	22.62%	42
19	诚泰财产	61.35%	21	40.85%	3	24.58%	34	75.84%	68	81.60%	81
20	国任财险	48.20%	4	34.88%	12	34.09%	14	49.31%	15	50.91%	19
21	安盛天平	15.22%	54	14.66%	57	15.51%	52	12.80%	59	21.34%	44
22	安诚财险	36.65%	24	53.91%	37	53.71%	29	56.21%	34	54.99%	28
23	泰康在线	32.17%	31	18.98%	46	24.86%	33	18.75%	49	25.44%	33

（续表）

		2017		2018		2019		2020		2021	
24	国元农业	15.70%	53	18.19%	48	17.41%	48	11.51%	62	14.79%	58
25	永诚保险	46.88%	6	36.05%	7	30.78%	22	22.87%	40	23.69%	38
26	富德财产	35.40%	27	28.97%	24	38.48%	7	32.40%	21	27.66%	27
27	亚太财险	50.62%	3	32.30%	18	28.55%	30	34.72%	14	25.59%	32
28	浙商财产	22.20%	42	20.51%	42	13.53%	57	31.20%	25	43.22%	5
29	都邦保险	21.82%	44	29.95%	22	26.08%	31	29.26%	29	30.57%	22
30	泰山财险	46.46%	9	44.85%	13	45.23%	10	45.06%	7	51.26%	21
31	众诚保险	39.80%	18	33.30%	17	58.17%	35	68.22%	53	60.99%	45
32	安华农业	28.06%	34	26.87%	26	29.75%	25	33.77%	16	26.06%	31
33	渤海财险	37.63%	22	35.75%	9	44.47%	9	44.16%	6	42.68%	3
34	铁路自保	12.76%	58	31.89%	20	44.38%	8	51.90%	24	57.75%	36
35	阳光农业	21.04%	46	16.45%	53	3.92%	72	7.04%	71	8.63%	66
36	国泰财产	26.48%	38	6.63%	70	13.85%	56	12.25%	60	24.65%	35
37	恒邦财产	18.67%	50	21.46%	40	21.71%	39	37.71%	9	34.91%	12
38	黄河财险	N/A	N/A	18.27%	47	33.55%	16	43.97%	4	47.27%	13
39	华农财险	6.19%	63	15.84%	54	14.03%	55	20.53%	42	15.00%	57
40	劳合社	4.53%	65	9.38%	65	7.33%	64	5.95%	73	11.20%	63
41	安信农业	14.61%	55	12.36%	59	5.77%	67	14.98%	54	24.09%	37
42	华海财产	46.70%	7	44.95%	14	29.69%	26	39.31%	5	41.42%	1
43	锦泰财产	38.46%	20	24.28%	38	29.92%	24	28.97%	31	37.57%	8
44	长安责任	49.45%	2	14.55%	58	15.92%	51	13.12%	58	39.95%	2
45	北部湾财产	13.27%	57	9.63%	63	4.64%	71	18.88%	47	18.24%	49
46	阳光信保	66.93%	30	43.56%	11	10.04%	60	2.79%	77	5.80%	72
47	中远海自保	28.05%	35	26.30%	28	20.42%	42	20.92%	41	17.77%	52
48	中原农业	8.23%	61	7.76%	68	6.19%	66	17.70%	51	17.94%	50
49	京东安联	2.61%	72	1.99%	76	2.23%	75	11.97%	61	15.81%	56
50	中煤财产	14.15%	56	26.58%	27	18.01%	46	23.51%	38	17.42%	53
51	美亚保险	1.69%	74	1.25%	78	1.78%	77	3.85%	75	6.67%	70
52	燕赵财产	11.71%	59	10.85%	62	49.86%	18	13.37%	57	22.85%	41
53	中航安盟	2.72%	71	8.87%	67	10.33%	59	14.87%	55	16.99%	54
54	三星产险	0.41%	81	0.77%	81	0.63%	81	0.33%	82	0.25%	82

（续表）

		2017		2018		2019		2020		2021	
55	苏黎世	0.75%	76	0.74%	82	0.43%	82	0.42%	81	0.63%	80
56	海峡金桥	35.34%	28	19.46%	44	23.06%	37	19.49%	45	18.37%	48
57	中意财产	3.72%	66	3.13%	73	7.93%	61	8.98%	64	8.29%	67
58	三井住友	0.75%	77	1.06%	79	2.10%	76	5.35%	74	3.76%	76
59	史带财产	3.08%	70	9.00%	66	15.43%	53	8.59%	65	3.70%	77
60	利宝互助	1.74%	73	2.38%	74	2.79%	73	6.12%	72	5.43%	74
61	鑫安汽车	27.27%	37	36.64%	4	21.46%	40	19.82%	44	37.79%	7
62	长江财产	37.59%	23	17.04%	52	18.48%	45	29.26%	28	20.05%	46
63	爱和谊	0.71%	78	0.95%	80	1.09%	79	7.28%	69	6.90%	69
64	现代财产	0.63%	79	0.54%	83	0.66%	80	0.77%	80	5.00%	75
65	久隆财产	36.11%	25	25.78%	33	N/A	N/A	18.77%	48	24.81%	34
66	易安保险	63.48%	26	42.35%	6	57.43%	32	N/A	N/A	N/A	N/A
67	中路财产	55.67%	12	45.22%	15	34.63%	13	33.19%	20	38.81%	6
68	众惠相互	59.84%	19	20.18%	43	20.21%	44	31.67%	23	27.08%	29
69	东海航运	51.99%	5	35.05%	10	23.92%	36	15.36%	52	12.23%	62
70	前海联合	49.69%	1	19.23%	45	17.20%	49	10.86%	63	5.49%	73
71	日本财产	7.04%	62	11.30%	60	17.12%	50	18.62%	50	19.39%	47
72	安达保险	9.36%	60	9.58%	64	5.54%	68	3.56%	76	5.83%	71
73	东京海上	1.64%	75	1.59%	77	1.12%	78	1.58%	79	1.42%	78
74	融盛财险	N/A	N/A	47.90%	21	77.53%	70	63.07%	43	60.78%	43
75	珠峰财险	42.96%	13	32.04%	19	33.08%	17	36.90%	10	32.31%	17
76	建信财产	42.38%	14	29.77%	23	22.41%	38	33.68%	18	31.78%	18
77	安心财产	22.06%	43	11.00%	61	2.58%	74	1.92%	78	0.78%	79
78	富邦财险	18.24%	51	17.74%	49	14.76%	54	22.98%	39	12.26%	61
79	瑞再企商	3.59%	67	4.26%	71	7.35%	63	14.63%	56	8.95%	65
80	汇友互助	63.92%	29	42.80%	8	40.26%	3	32.10%	22	23.15%	40
81	广东能源自保	N/A	N/A	63.54%	55	47.66%	12	26.07%	35	13.47%	60
82	合众财产	20.78%	47	7.36%	69	6.62%	65	7.84%	67	67.71%	59
83	太平科技	N/A	N/A	52.52%	30	40.73%	2	52.27%	26	15.98%	55
84	凯本财险	0.44%	80	0.15%	84	0.03%	83	0.03%	83	0.05%	83

		2017		**2018**		**2019**		**2020**		**2021**	
85	日本兴亚	4.99%	64	2.31%	75	5.39%	69	7.86%	66	7.30%	68

注：1. 指标值根据各家财险公司历年财报整理得到，行业排名不用原始的指标值而是其转换值，即则按偏离程度$_{市场风险}$＝｜公司指标值$_{市场风险}$－行业均值$_{市场风险}$｜的升序确定；

2. N/A 表示数据缺失，这与公司尚未开业经营或未按期披露财报有关。

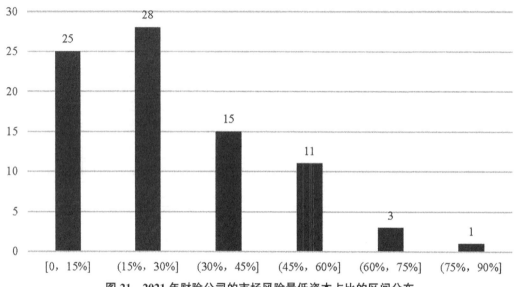

图 21　2021 年财险公司的市场风险最低资本占比的区间分布

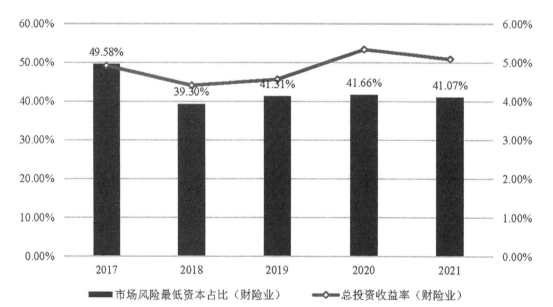

图 22　2017—2021 年财险业的市场风险最低资本占比与总投资收益率

1. 指标计算公式

$$市场风险最低资本占比 = \frac{市场风险最低资本}{最低资本}$$

（公式 13）

2. 指标分析

市场风险最低资本占比,即市场风险最低资本与最低资本的比值,用于衡量财险公司的市场风险的暴露情况。市场风险是指由于利率、权益价格、房地产价格、汇率等不利变动,导致保险公司遭受非预期损失的风险。依据偿付能力监管规则,测算财险公司的市场风险最低资本所涉及的风险类型包括利率风险、权益价格风险、房地产价格风险、境外资产价格风险和汇率风险。市场风险主要源自保险资金的投资运作环节,市场风险管理能力影响保险公司的投资收益。财险公司要想在投资端获得高的收益水平,需要承担适宜的市场风险暴露。市场风险暴露低,投资收益率随之也低;但又不能为了追求高的投资收益率,过度暴露市场风险。沿用之前对保险风险最低资本占比的分析逻辑,由于市场风险最低资本占比的原始值不能反映财险公司的市场风险管理能力,利用它开展行业排名毫无意义。为此,我们选用财险业的市场风险最低资本占比(以下简称行业均值_{市场风险})作为参照值,测算各家公司的市场风险最低资本占比的偏离程度,即偏离程度_{市场风险}＝|公司指标值_{市场风险}－行业均值_{市场风险}|,然后按偏离程度_{市场风险}的升序确定行业排名,以便横向比较各家公司的市场风险管理水平。

2017—2021 年财险公司的市场风险最低资本占比及其转换值的行业排名,可参见表 22。图 21 列示了 2021 年财险公司的市场风险最低资本占比的区间分布。测算偏离程度_{市场风险}要用到的行业均值_{市场风险}可在图 22 中查阅。如图 21 所示,2021 年的指标值处于区间(0，15%)、(15%，30%)、(30%，45%)、(45%，60%)、(60%，75%)和(75%，90%)上的公司数目分别是 25 家、28 家、15 家、11 家、3 家和 1 家。尽管指标值分布比较分散,但超半数财险公司的指标值未超过 30%,2021 年的行业均值_{市场风险}是 41.07%,这表明超半数财险公司的市场风险暴露是不足的,它们的投资配置更偏好于低风险资产。需要注意的是,行业均值_{市场风险}不是对各家公司的原始指标值的算术平均,而是将各家公司的市场风险最低资本的累计值比上对应的最低资本的累计值得出的,目的是将经营规模因素体现到行业均值_{市场风险}的计算中来。头部企业的经营规模高,其指标值决定了行业均值_{市场风险}的走向。例如,2021 年人保财险、平安财险的总投资资产平均余额占到全行业的 55.40%,由于它们的指标值远超绝大多数的险企,使得行业均值_{市场风险}向上偏离于图 21 所示的中心区间(15%，30%)。

借助于图 22,我们比较了财险业的市场风险最低资本(行业均值_{市场风险})及其总投资收益率的演化趋势,可以看出两者的指标演化呈现出高度的同步性,即总投资收益率下降时行业均值_{市场风险}随之降低,反之亦然。偿付能力监管规则要求财险公司按综合因子法计提市场风险最低资本,投资资产的风险越高,适用的风险因子越大,要求计提的市场风险最低资本也越多。资本市场的景气程度是影响财险公司高风险资产配置比例的关键因素,资产运作的配置状况又会影响市场风险最低资本计提的多寡,上述的因果关系链可以很好地解释为何上述两个指标的演化趋势能有高度的同步性。若一家财险公司的投资运作能够紧跟上行业随着资产市场演化的调整节奏,那么它的市场风险管理能力自然不容置疑,反之则存在不足。指标转换值"偏离程度_{市场风险}"正是基于上述分析逻辑来评价财险公司的市场风险管理能力。

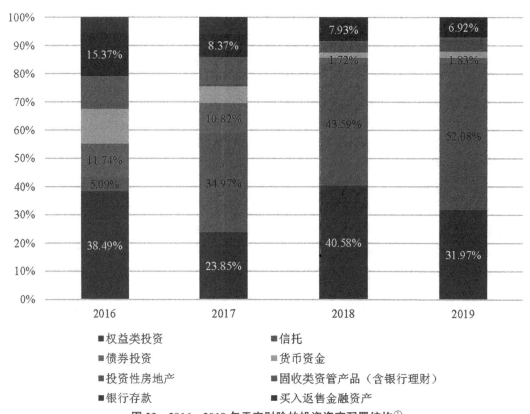

图 23　2016—2019 年天安财险的投资资产配置结构①

资料来源:根据天安财险历年财报的相关项目的附注整理。

　　最后,我们聚焦偏离程度_{市场风险}取到极端值的个案公司,分析其偏离于行业常规经营模式的原因,验证指标分析的有效性。从表 22 可知,2017—2019 年天安财险的市场风险最低资本占比一直在 95%左右徘徊,表明它的风险暴露高度集中于市场风险。天安财险的市场风险最低资本占比的超高位运行跟它的投资资产配置偏向于高风险、高收益类资产密不可分。如图 23 所示,短短 4 年时间里,天安财险的投资运作风险暴露增大趋势明显,权益类投资的比例始终偏高,信托投资的比例则由 2016 年的 5.09%攀升至 2019 年的 52.08%。据中国保险资产管理业协会发布的《中国保险资产管理业发展报告(2020)》,2019 年中型财险公司(投资资产规模在 100 亿－1000 亿元之间)的资产配置结构主要为：信用债18.7%、现金及流动性17.1%、信托计划15.8%、银行存款8.7%、股权投资8.1%、债权计划5.8%、公募基金（不含货币基金类）4.3%、组合类保险资管产品3.6%和上市普通股票3.2%等。2019年天安财险的总投资资产平均余额为795.17亿元，属于中型财险公司。对照以上资产配置结构可知，天安财险的高风险资产配置远高于同类型财险公司，这必然会推高其市场风险最低资本占比。天安财险实施如此激进的投资策略，跟它之前主推高收益的短期理财险脱不了干系。2012年，天安财险提出传统财产险业务和新型理财险业务"双轮驱动"战略转型。2013年，获批经营短期理财型非寿险产品后，保户储金以及投资款收入突飞猛进，从2013年当年的0.02亿元，到2014年的259.26亿元，再到2015年的1266.99亿元，更到2016年的2474.82亿元。伴随着资产规模跨越式发展，兑现客户高收益回报的压力陡增，迫使天安财险的资金投向不得不倚重于高风险资产。2017年，保险业迎来大整改，"134号"监管文件出台以及"保险姓保"市场基调的确立，天安财险被叫停出售理财险产品。资金流入受阻，但前期出售的理财险大量到期，为解决兑付问题，天安财险不得不处置优质资产，扩大投资信托产品，偏逢所持信托产品频频逾期，引发投资收益的缩水并造成2019年亏损42亿，2020年上半年亏损增至646.7亿元，净资产降为－359.85亿元。2020年7月，天安财险因触发《保险法》第144条规定的监管条件而被银保监会接管。2022年6月，天安财险保险业务资产包正式在上海联合产权交易所挂牌，以底价21.14亿元进行公开转让。天安财险的坠落是"资产驱动负债"模式失败的体现。财险公司需要恪守"负债驱动资产"模式，审慎做好资金运作，助力保险业务稳健增长，切忌追求"短频快"式规模扩张。

　　另有一些财险公司的市场风险最低资本占比相对于行业均值_{市场风险}处于负偏离状态，我们也对它们作个案分析，查看它们的资金运作是否集中于低风险资产。限于篇幅，我们选取了表22中负偏离程度排名前三的财险公司：凯本财险、三星产险和苏黎世，分析它们2021年的投资资产配置结构。凯本财险的总投资资产为354,855,673元，其中，货币资金为84,855,673元，占比23.91%，银行存款（由定期存款和存出资本保证金组成）为270,000,000元，占比76.09%。三星产险的总投资资产为3,395,138,255元，其中，货币资金为2,108,043,079元，占比62.09%，银行存款（由定期存款和存出资本保证金组成）为1,185,000,000元，占比34.90%，货币式基金为102,095,176元，占比3.01%。苏黎世的总投资资产为1,861,976,884.78元，其中，货币资金为229,036,483.53元，占比12.30%，银行存款（由定期存款和存出资本保证金组成）为1,496,278,500元，占比80.36%，可供出售权益工具（由货币市场基金和债券型基金组成）为136,661,901.25元，占比7.34%。这三家公司的投资配置几乎不涉及或者很少涉及权益类资产，资金投向高度集中到了银行存款、货币资金上面来，市场风险暴露极低，需要为其计提的最低资金自然就低。但是，这样保守谨慎的投资操作是不可取的，造成它们的总投资收益率很低，行业排名处于尾部。2021年，凯本财险、三星产险和苏黎世的总投资收益率分别为3.56%、2.19%和3.18%，对应的行业排名依次为59、76和68（详见表8）。

（十四）信用风险最低资本占比

表23 2017—2021年财险公司的信用风险最低资本占比及其转换值排名

编号	公司	2017		2018		2019		2020		2021	
		指标值	排名	指标值	排名	指标值	排名	指标值	排名	指标值	排名
1	人保财险	32.75%	23	30.41%	3	27.81%	2	25.79%	9	30.19%	4
2	平安财险	28.71%	6	30.48%	4	30.12%	6	23.55%	15	21.20%	25
3	天安财险	3.35%	58	1.75%	63	1.60%	64	N/A	N/A	N/A	N/A
4	太保财险	35.77%	29	36.39%	20	35.77%	26	35.04%	20	35.04%	18
5	国寿财险	31.67%	18	31.64%	10	35.31%	23	27.61%	3	29.59%	1
6	中华联合	47.66%	51	48.01%	52	39.18%	35	43.64%	49	54.63%	65
7	大地财产	32.20%	21	30.07%	2	28.98%	1	28.16%	1	31.70%	8
8	阳光财产	16.03%	34	20.34%	27	11.77%	55	13.28%	47	15.10%	40
9	太平财险	48.88%	56	44.04%	46	43.31%	46	36.86%	23	32.58%	9
10	众安财产	29.06%	8	18.08%	34	16.15%	44	17.57%	27	19.59%	32
11	华安财险	25.25%	9	25.37%	12	13.82%	49	14.97%	38	12.46%	50
12	中石油专属	82.49%	76	79.22%	78	77.56%	77	75.81%	75	62.50%	73
13	英大财产	15.02%	37	19.04%	28	23.53%	19	18.02%	25	19.62%	31
14	华泰财险	63.40%	67	63.06%	68	51.58%	60	46.67%	59	50.93%	60
15	中银保险	40.55%	42	54.61%	59	41.14%	43	42.12%	42	43.77%	39
16	紫金财产	21.75%	22	22.43%	18	18.98%	33	16.00%	31	10.82%	55
17	永安财险	26.22%	5	31.90%	11	27.77%	3	27.18%	6	23.61%	20
18	鼎和财产	8.58%	47	12.65%	50	13.41%	51	12.10%	52	11.30%	53
19	诚泰财产	37.96%	32	60.46%	66	65.24%	72	14.10%	43	13.12%	48
20	国任财险	21.39%	24	27.50%	7	32.29%	14	17.45%	28	13.54%	46
21	安盛天平	40.86%	43	42.09%	38	37.95%	31	41.46%	40	45.88%	45
22	安诚财险	17.71%	31	18.96%	29	16.90%	41	15.05%	37	14.79%	42
23	泰康在线	20.60%	25	16.83%	36	17.92%	37	14.89%	39	34.54%	15
24	国元农业	27.82%	4	20.63%	26	11.03%	56	13.64%	45	20.31%	29
25	永诚保险	31.58%	17	31.13%	8	26.20%	9	28.39%	2	29.52%	2
26	富德财产	34.50%	27	35.48%	15	31.74%	11	26.73%	7	31.19%	6
27	亚太财险	31.86%	19	42.80%	42	33.64%	17	31.97%	12	45.31%	43

		2017		2018		2019		2020		2021	
28	浙商财产	14.63%	39	18.89%	30	23.91%	18	24.70%	11	22.09%	23
29	都邦保险	23.11%	14	21.32%	23	19.74%	32	19.33%	24	19.48%	33
30	泰山财险	39.00%	35	37.47%	25	31.77%	12	29.71%	8	21.89%	24
31	众诚保险	35.52%	28	31.41%	9	17.25%	39	15.58%	34	16.72%	37
32	安华农业	14.01%	41	13.37%	49	22.67%	22	24.95%	10	36.26%	21
33	渤海财险	31.06%	13	35.93%	17	23.49%	20	12.78%	48	12.21%	51
34	铁路自保	82.26%	75	65.83%	73	59.21%	68	46.38%	58	39.25%	30
35	阳光农业	5.65%	54	5.22%	58	14.21%	48	3.68%	65	4.40%	67
36	国泰财产	24.62%	11	12.64%	51	17.92%	38	16.84%	29	24.92%	16
37	恒邦财险	71.84%	69	64.62%	70	57.63%	66	46.93%	60	51.26%	61
38	黄河财险	N/A	N/A	72.21%	75	66.93%	74	53.29%	66	38.97%	28
39	华农财险	46.92%	50	39.85%	32	30.07%	5	35.02%	19	31.18%	5
40	劳合社	98.12%	81	96.59%	85	97.27%	84	97.70%	83	95.96%	83
41	安信农业	14.69%	38	22.42%	19	40.60%	40	40.54%	33	34.24%	14
42	华海财产	27.00%	1	14.09%	47	26.26%	8	27.55%	4	25.86%	10
43	锦泰财产	24.88%	10	27.99%	6	22.27%	24	15.19%	36	11.80%	52
44	长安责任	27.51%	2	29.06%	1	30.81%	7	24.11%	13	24.34%	19
45	北部湾财产	31.87%	20	30.54%	5	33.17%	16	33.58%	16	34.61%	17
46	阳光信保	31.46%	15	36.78%	21	25.82%	13	10.60%	55	17.48%	36
47	中远海自保	81.39%	73	80.17%	81	80.71%	80	77.90%	76	77.04%	75
48	中原农业	34.14%	26	37.26%	22	35.87%	28	45.06%	54	51.28%	62
49	京东安联	73.38%	70	80.10%	79	72.02%	75	61.79%	71	59.29%	71
50	中煤财产	44.24%	44	22.79%	16	21.99%	27	16.20%	30	16.19%	38
51	美亚保险	85.44%	78	86.66%	83	86.62%	82	85.89%	80	85.07%	80
52	燕赵财产	71.17%	68	65.20%	72	22.84%	21	43.82%	51	33.79%	12
53	中航安盟	8.77%	46	5.84%	57	7.80%	59	9.92%	57	8.03%	63
54	三星产险	92.36%	79	77.50%	77	83.29%	81	90.34%	81	90.93%	81
55	苏黎世	84.16%	77	80.11%	80	78.19%	79	78.08%	77	78.64%	77
56	海峡金桥	54.35%	61	51.58%	56	49.74%	58	54.32%	68	50.59%	57
57	中意财产	58.56%	66	60.72%	67	53.86%	61	51.48%	64	54.79%	66
58	三井住友	57.41%	63	60.30%	65	62.06%	70	58.91%	70	50.89%	59

（续表）

		2017		2018		2019		2020		2021	
59	史带财产	75.42%	71	69.50%	74	66.69%	73	78.64%	78	83.78%	79
60	利宝互助	6.08%	53	7.25%	55	12.32%	53	12.57%	50	8.76%	58
61	鑫安汽车	57.94%	65	42.09%	39	61.62%	69	70.57%	73	59.56%	72
62	长江财产	55.41%	62	64.64%	71	65.00%	71	56.84%	69	40.69%	35
63	爱和谊	22.88%	16	17.78%	35	18.88%	34	14.08%	44	13.87%	44
64	现代财产	77.70%	72	75.80%	76	77.47%	76	80.70%	79	80.91%	78
65	久隆财产	23.69%	12	24.04%	13	N/A	N/A	14.32%	41	34.24%	13
66	易安保险	3.47%	57	2.32%	62	1.00%	65	N/A	N/A	N/A	N/A
67	中路财产	48.84%	55	43.09%	43	49.63%	57	54.13%	67	44.71%	41
68	众惠相互	46.22%	49	43.43%	44	16.68%	42	10.23%	56	9.49%	56
69	东海航运	45.32%	45	54.98%	60	58.60%	67	50.20%	62	37.00%	22
70	前海联合	28.86%	7	37.38%	24	26.17%	10	19.77%	22	55.55%	68
71	日本财产	40.04%	40	42.50%	41	32.85%	15	33.76%	17	31.53%	7
72	安达保险	57.82%	64	55.35%	61	45.92%	54	38.48%	26	58.18%	70
73	东京海上	45.89%	48	41.79%	37	37.27%	30	40.37%	32	40.42%	34
74	融盛财险	N/A	N/A	8.78%	54	27.74%	4	29.06%	5	21.14%	26
75	珠峰财险	51.87%	59	42.44%	40	43.44%	47	20.94%	21	20.87%	27
76	建信财产	18.48%	30	39.80%	31	39.24%	36	32.32%	14	25.76%	11
77	安心财产	16.12%	33	9.63%	53	14.81%	45	5.08%	63	2.65%	69
78	富邦财险	39.33%	36	34.93%	14	36.76%	29	34.89%	18	48.35%	54
79	瑞再企商	82.14%	74	80.22%	82	77.86%	78	64.46%	72	69.52%	74
80	汇友互助	52.54%	60	64.48%	69	55.84%	63	42.95%	46	29.44%	3
81	广东能源自保	N/A	N/A	40.27%	33	55.21%	62	73.55%	74	78.49%	76
82	合众财产	27.58%	3	13.59%	48	13.51%	50	15.54%	35	7.43%	64
83	太平科技	N/A	N/A	14.94%	45	13.05%	52	11.70%	53	12.98%	49
84	凯本财险	92.96%	80	92.70%	84	94.28%	83	93.22%	82	91.92%	82
85	日本兴亚	48.35%	52	59.24%	64	35.68%	25	47.39%	61	46.01%	47

注:1. 指标值根据各家财险公司历年财报整理得到,行业排名不用原始的指标值而是其转换值,即按偏离程度$_{信用风险}$ ＝｜公司指标值$_{信用风险}$ － 行业均值$_{信用风险}$｜的升序确定;

2. N/A表示数据缺失,这与公司尚未开业经营或未按期披露财报有关。

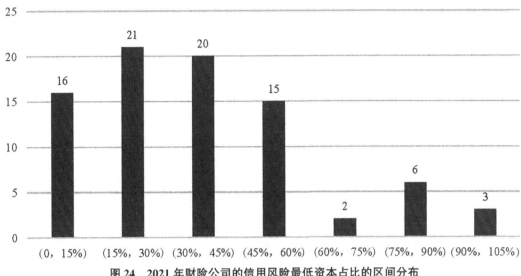

图 24　2021 年财险公司的信用风险最低资本占比的区间分布

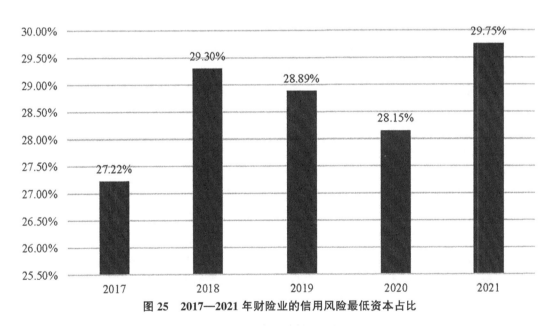

图 25　2017—2021 年财险业的信用风险最低资本占比

1. 指标计算公式

$$信用风险最低资本占比 = \frac{信用风险最低资本}{最低资本}$$

（公式 14）

2. 指标分析

　　信用风险最低资本占比，即信用风险最低资本与最低资本的比值，用于衡量财险公司的信用风险的暴露情况。信用风险是指由于交易对手不能履行或不能按时履行其合同义务,或者交易对手信用状况的不利变动,导致保险公司遭受非预期损失的风险。保险公司面临的信用风险有两类:利差风险和交易对手违约风险,前者指利差(资产的收益率超过无风险利率的部分)的不利变动而导致保险公司遭受非预期损失的风险,后者是指交易对手不能履行或不能按时履行其合同义务,导致保险公司遭受非预期损失的风险。依据偿付能力监管规则,利差风险最低资本的计量范围包括债券、资产证券化产品、固收类信托计划等固收类投资产品,交易对手违约风险最低资本的计量范围包括现金及流动性管理工具、固收类投资资产、用于套期保值的外汇远期和利率互换、保单质押贷款、再保险资产、应收保费、应收利息、其他应收及预付款项和债务担保等。因此,信用风险既可能源自除权益类投资以外的投资业务,也可能源自原保险和再保险业务产生的贷款及应收款项,又可能源自债务担保和基于套期保值的衍生品交易等。

沿用之前对保险风险最低资本占比、信用风险最低资本占比的分析思路,期望财险公司的信用风险最低资本占比取折中值而非极大或极小值。我们同样选用财险业的信用风险最低资本占比(以下简称行业均值$_{信用风险}$)作为参照值,测算各家公司的信用风险最低资本占比的偏离程度,即偏离程度$_{信用风险}=|$公司指标值$_{信用风险}-$行业均值$_{信用风险}|$,然后按偏离程度$_{信用风险}$的升序确定行业排名,以实现对各家公司的信用风险管理水平的横向比较。2017—2021 年财险公司的信用风险最低资本占比及其转换值排名列示于表23 中。计算偏离程度$_{信用风险}$时需要用到的行业均值$_{信用风险}$可在图25 查阅,近5 年来的行业均值$_{信用风险}$稳定在29%左右。由图24 所示的 2021 年财险公司的信用风险最低资本占比的区间分布可知,指标值比较分散,特别是超半数公司的指标值高于行业均值$_{信用风险}$29.75%,甚至有 3 家公司(劳合社、凯本财险和三星财险)的指标值超过了 90%,这揭示出许多险企存在信用风险过度暴露的问题。

接下来,有必要关注指标值异常高的财险公司,探究它们信用风险过度暴露的原因。2021 年底,劳合社需要计量信用风险最低资本的项目有:762,655,300 元的债券投资(不含可转债),1,794,386,138 元的货币资金,200,725,000 元的银行存款(来自存出资本保证金),32,300,111 元的原保险业务应收款项(汇总应收利息、应收保费和应收代位追偿款得到),2,748,373,799 元的再保险业务应收款项(汇总应收分保账款、应收分保未到期责任准备金和应收分保未决赔款准备金得到)。显然,劳合社的信用风险最低资本绝大部分是由再保险业务产生的。细究下去,这与它特殊的经营模式有关,即只做分入业务几乎不做直保业务,并且把分入业务全部分出,从而导致再保险业务的应收款项一直高居不下。类似地,凯本财险因直保业务高比例分出也面临由再保险业务引发的高信用风险暴露。三星产险的信用风险暴露主要源自投资端,计量信用风险最低资本的项目有:2,108,043,079 元的货币资金,102,095,176 元的货币式基金,1,185,000,000 元的银行存款(来自定期存款和存出资本保证金),165,041,963 元的原保险业务应收款项(汇总应收利息、应收保费和应收代位追偿款得到),970,011,111 元的再保险业务应收款项(汇总应收分保账款、应收分保未到期责任准备金和应收分保未决赔款准备金得到)。财险公司需要找准风险暴露的源头,有效管控各类风险的暴露水平,才能确保业务经营的安全性、稳健性和可持续性。

（十五）最低资本回报率

表 24 2017—2021 年财险公司的最低资本回报率及其排名

编号	公司	2017 指标值	排名	2018 指标值	排名	2019 指标值	排名	2020 指标值	排名	2021 指标值	排名
1	人保财险	37.68%	3	28.37%	9	40.33%	8	31.00%	11	31.57%	14
2	平安财险	44.95%	2	35.31%	4	51.70%	4	35.45%	8	35.03%	10
3	天安财险	0.73%	47	0.23%	50	−21.36%	62	N/A	N/A	N/A	N/A
4	太保财险	27.14%	10	23.68%	13	37.37%	9	28.63%	14	31.96%	13
5	国寿财险	9.07%	30	1.23%	48	21.55%	19	14.62%	26	4.50%	42
6	中华联合	19.16%	22	16.07%	21	7.69%	36	6.97%	41	4.33%	44
7	大地财产	24.84%	13	19.10%	19	26.05%	15	5.62%	45	5.36%	40
8	阳光财产	22.32%	16	15.42%	23	18.68%	23	19.61%	22	6.37%	36
9	太平财险	9.88%	28	8.89%	32	14.10%	27	0.26%	61	−7.45%	62
10	众安财产	−128.88%	72	−181.83%	80	−161.12%	81	34.43%	9	88.72%	1
11	华安财险	2.57%	41	−12.70%	54	7.97%	35	2.65%	50	1.23%	54
12	中石油专属	29.94%	8	22.26%	15	22.01%	18	21.98%	18	23.21%	19
13	英大财产	15.08%	24	23.50%	14	54.83%	1	35.49%	7	32.15%	12
14	华泰财险	25.99%	12	3.22%	42	25.51%	16	32.47%	10	29.48%	16
15	中银保险	12.37%	26	14.50%	24	17.33%	24	24.97%	16	27.06%	17
16	紫金财产	8.38%	32	1.76%	45	5.83%	42	12.14%	30	18.85%	22
17	永安财险	16.86%	23	10.29%	30	14.85%	26	13.45%	27	8.94%	33
18	鼎和财产	19.50%	21	29.68%	7	36.48%	10	45.02%	4	54.54%	4
19	诚泰财产	24.35%	14	4.67%	37	6.97%	38	2.78%	49	1.15%	57
20	国任财险	−40.29%	61	−25.10%	60	2.38%	46	6.07%	43	5.13%	41
21	安盛天平	−1.52%	51	−29.11%	62	−12.69%	59	−17.38%	64	−23.45%	68
22	安诚财险	0.51%	49	4.51%	39	−47.77%	68	0.58%	59	3.86%	45
23	泰康在线	−129.22%	73	−107.93%	72	−84.23%	76	−67.33%	77	2.98%	47
24	国元农业	26.37%	11	7.05%	36	13.06%	32	11.68%	31	20.58%	20
25	永诚保险	1.20%	46	−36.72%	65	13.57%	28	12.95%	29	11.85%	30
26	富德财产	0.65%	48	−26.84%	61	−157.46%	80	−54.10%	73	−4.76%	60
27	亚太财险	2.10%	43	4.59%	38	5.75%	43	7.29%	39	−52.76%	73

（续表）

		2017		2018		2019		2020		2021	
28	浙商财产	−140.91%	74	−55.27%	67	−26.84%	64	3.49%	46	−15.78%	64
29	都邦保险	1.64%	44	−13.75%	56	−10.28%	56	−5.95%	62	−37.42%	71
30	泰山财险	6.40%	33	1.62%	46	2.08%	48	3.08%	48	−18.73%	65
31	众诚保险	−16.54%	55	2.69%	43	13.25%	30	6.21%	42	10.06%	32
32	安华农业	0.46%	50	−50.87%	66	15.56%	25	21.43%	19	10.18%	31
33	渤海财险	−26.81%	57	−14.70%	57	−53.92%	71	1.21%	57	−56.73%	76
34	铁路自保	49.24%	1	52.61%	3	48.42%	5	40.93%	6	55.24%	3
35	阳光农业	35.33%	5	29.21%	8	2.15%	47	7.36%	38	5.46%	39
36	国泰财产	−46.65%	62	−13.65%	55	0.80%	55	8.15%	37	15.57%	25
37	恒邦财产	3.38%	38	3.41%	41	6.43%	40	0.45%	60	2.40%	50
38	黄河财险	N/A	N/A	−144.72%	78	−42.24%	67	−29.28%	70	4.44%	43
39	华农财险	4.01%	35	2.35%	44	−51.06%	70	2.03%	54	2.96%	48
40	劳合社	21.50%	17	21.54%	18	19.55%	21	10.02%	33	15.14%	26
41	安信农业	28.78%	9	27.18%	10	19.25%	22	25.85%	15	13.02%	28
42	华海财产	−10.88%	53	14.27%	25	1.02%	52	1.46%	56	3.18%	46
43	锦泰财产	2.56%	42	1.07%	49	5.40%	44	5.76%	44	7.21%	34
44	长安责任	−31.45%	59	−298.53%	82	−10.71%	57	−27.64%	67	−22.62%	67
45	北部湾财产	21.15%	19	22.15%	16	0.94%	53	16.03%	25	−21.88%	66
46	阳光信保	4.73%	34	10.90%	29	−167.15%	82	−234.06%	81	−53.66%	74
47	中远海自保	23.03%	15	21.81%	17	19.87%	20	20.03%	20	20.00%	21
48	中原农业	8.40%	31	7.13%	33	6.86%	39	6.99%	40	5.51%	38
49	京东安联	14.17%	25	16.21%	20	1.70%	49	11.08%	32	−1.04%	59
50	中煤财产	−61.43%	63	−20.46%	59	−11.56%	58	2.21%	52	6.26%	37
51	美亚保险	29.95%	7	26.91%	11	40.50%	7	45.25%	3	37.40%	7
52	燕赵财产	−126.69%	71	−71.95%	69	1.15%	51	1.81%	55	2.46%	49
53	中航安盟	10.80%	27	7.12%	34	3.47%	45	−30.84%	71	2.33%	51
54	三星产险	3.31%	39	15.95%	22	25.32%	17	19.49%	23	16.87%	24
55	苏黎世	−8.42%	52	7.06%	35	13.20%	31	8.53%	35	14.30%	27
56	海峡金桥	−67.97%	67	−78.15%	70	−60.25%	72	−49.77%	72	−134.00%	80
57	中意财产	−34.44%	60	−6.74%	52	1.52%	50	2.22%	51	2.14%	52
58	三井住友	20.46%	20	32.80%	5	26.60%	14	23.51%	17	30.46%	15

（续表）

		2017		2018		2019		2020		2021	
59	史带财产	33.04%	6	13.76%	26	11.97%	33	8.27%	36	1.17%	56
60	利宝互助	−61.52%	64	−35.26%	64	−19.08%	61	16.17%	24	−38.71%	72
61	鑫安汽车	35.50%	4	56.59%	2	52.25%	3	40.99%	5	37.21%	9
62	长江财产	−3508.57%	82	−143.30%	77	−26.86%	65	−54.22%	74	−107.10%	78
63	爱和谊	21.18%	18	24.15%	12	28.34%	13	13.07%	28	7.00%	35
64	现代财产	3.99%	36	11.55%	28	7.48%	37	9.25%	34	−57.95%	77
65	久隆财产	−125.80%	70	1.38%	47	54.51%	2	46.56%	2	40.91%	6
66	易安保险	3.68%	37	−67.02%	68	−65.01%	74	N/A	N/A	N/A	N/A
67	中路财产	−86.09%	68	−98.21%	71	−133.97%	78	−27.76%	68	1.19%	55
68	众惠相互	−199.46%	76	−124.55%	75	−26.65%	63	−9.38%	63	1.80%	53
69	东海航运	−30.73%	58	−30.62%	63	−34.28%	66	−106.89%	79	N/A	N/A
70	前海联合	−110.37%	69	−117.45%	74	−61.49%	73	−28.99%	69	−6.83%	61
71	日本财产	9.34%	29	29.91%	6	35.18%	12	53.28%	1	57.41%	2
72	安达保险	−20.26%	56	−6.42%	51	10.71%	34	−19.11%	65	18.22%	23
73	东京海上	1.46%	45	13.40%	27	36.23%	11	29.90%	13	53.26%	5
74	融盛财险	N/A	N/A	−1370.87%	85	−271.92%	84	−83.71%	78	−55.42%	75
75	珠峰财险	−216.92%	77	−149.60%	79	−276.74%	85	−19.19%	66	−27.38%	70
76	建信财产	−435.33%	80	−109.60%	73	−90.35%	77	−61.25%	75	0.63%	58
77	安心财产	−270.31%	79	−366.24%	83	−83.41%	75	−338.54%	83	−123.72%	79
78	富邦财险	−64.04%	65	−20.11%	58	−50.24%	69	−64.41%	76	37.23%	8
79	瑞再企商	−16.38%	54	−10.69%	53	0.91%	54	2.17%	53	−24.68%	69
80	汇友互助	−852.56%	81	−136.95%	76	−16.07%	60	19.80%	21	25.07%	18
81	广东能源自保	−245.31%	78	143.91%	1	42.38%	6	29.92%	12	32.68%	11
82	合众财产	−181.65%	75	−220.06%	81	−155.22%	79	−156.15%	80	−227.04%	81
83	太平科技	N/A	N/A	−724.19%	84	−235.17%	83	−269.95%	82	−469.14%	82
84	凯本财险	2.90%	40	9.73%	31	13.35%	29	3.15%	47	12.35%	29
85	日本兴亚	−64.75%	66	3.67%	40	5.86%	41	0.62%	58	−12.20%	63

注：1. 指标值根据各家财险公司历年财报整理得到,并按降序排名；

2. N/A表示数据缺失,这与公司尚未开业经营或未按期披露财报有关。

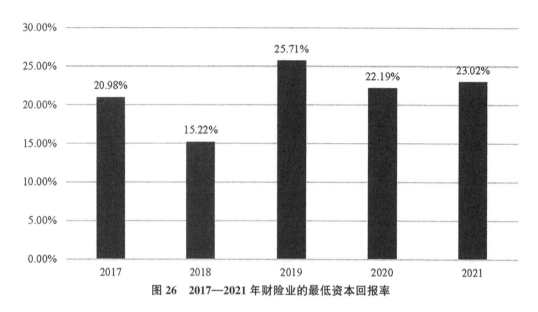

图 26　2017—2021 年财险业的最低资本回报率

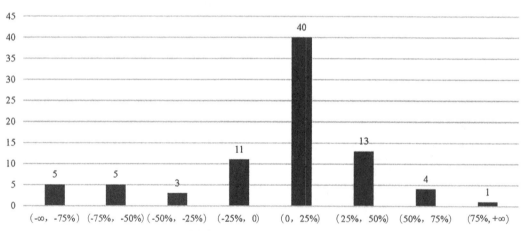

图 27　2021 年财险公司的最低资本回报率的区间分布

表 25　2017—2021 年最低资本回报率排名前十的财险公司

排名	2017		2018		2019		2020		2021	
	公司	指标值	公司	指标值	公司	指标值	公司	指标值	公司	指标值
1	铁路自保	49.24%	广东能源自保	143.91%	英大财产	54.83%	日本财产	53.28%	众安财产	88.72%
2	平安产险	44.95%	鑫安汽车	56.59%	久隆财产	54.51%	久隆财产	46.56%	日本财产	57.41%
3	人保财险	37.68%	铁路自保	52.61%	鑫安汽车	52.25%	美亚保险	45.25%	铁路自保	55.24%
4	鑫安汽车	35.50%	平安产险	35.31%	平安产险	51.70%	鼎和财产	45.02%	鼎和财产	54.54%
5	阳光农业	35.33%	三井住友	32.80%	铁路自保	48.42%	鑫安汽车	40.99%	东京海上	53.26%

（续表）

	2017		2018		2019		2020		2021	
6	史带财产	33.04%	日本财产	29.91%	广东能源自保	42.38%	铁路自保	40.93%	久隆财产	40.91%
7	美亚保险	29.95%	鼎和财产	29.68%	美亚保险	40.50%	英大财产	35.49%	美亚保险	37.40%
8	中石油专属	29.94%	阳光农业	29.21%	人保财产	40.33%	平安产险	35.45%	富邦财产	37.23%
9	安信农业	28.78%	人保财产	28.37%	太保财险	37.37%	众安财产	34.43%	鑫安汽车	37.21%
10	太保财险	27.14%	安信农业	27.18%	鼎和财产	36.48%	华泰财险	32.47%	平安产险	35.03%

1. 指标计算公式

$$最低资本回报率 = \frac{净利润}{最低资本平均余额} = \frac{净利润}{（期初最低资本 + 期末最低资本）/2}$$

（公式 15）

2. 指标分析

最低资本回报率可属于经风险调整的资本回报率（RAROC）的指标类别，是一个考虑风险承担后衡量经营绩效的指标，帮助金融机构估算以下问题：为一项新业务或已有业务配置单位资本资源后究竟可以创造多少价值？我们将"最低资本回报率"定义为净利润除以最低资本平均余额，其中，最低资本平均余额＝（期初最低资本＋期末最低资本）/2。这与金融风险管理中的定义略有差别，那里通常将它定义为净利润与经济资本的比值。最低资本与经济资本都是用于防范极端的高额损失的资本储备，只是前者是监管层面的概念，而后者是金融机构内部管理的概念。出于数据可得性的考虑，我们使用最低资本的概念来定义 RAROC。相比总资产收益率（ROA）和净资产收益率（ROE），最低资本回报率的绩效评价更加客观全面，能引导经营管理者处理好风险和收益之间的平衡关系。最低资本回报率取值越高，代表考虑风险承担后的经济效益越高。

表 24 列示了 2017—2021 年财险公司的最低资本回报率及其行业排名。同期的行业的最低资本回报率的演化趋势呈现于图 26 中。这里，财险业的最低资本回报率是用全行业的净利润累计值比上全行业的最低资本累计值后得出的。如图 26 所示，近 5 年来的财险业的最低资本回报率均有不俗的表现，除 2018 年低于 20% 以外，其余年份都超过了 20%。图 27 给出了 2021 年财险公司的最低资本回报率的区间分布，从中我们可以看出绝大多数财险公司因盈利而有正的最低资本回报率，且这些正的最低资本回报率多数处于区间（0，25%）上；但也有少数公司由于亏损严重，使得它们的最低资本回报率取到非常低的负值。

最后，梳理了各个年度上最低资本回报率排名前十的公司名单，结果参见表 25。上榜频次越多的公司，代表其综合风险因素后的经营业绩越稳定、越出色，说明它们属于行业的佼佼者。从表 25 可知,连续 5 年上榜的公司有铁路自保、平安产险、人保财险、鑫安汽车,上榜 4 次的公司有鼎和财产和美亚保险,上榜 3 次的公司有日本财险和久隆财产,上榜 2 次的公司有阳光农业、安信农业、太保财险、广东能源自保、众安财产和英大财产。前十名的榜单被上述公司牢牢占据着,说明它们已经形成了成熟可靠的经营模式,确保它们在激烈的行业竞争中能够脱颖而出,成为行业的翘楚。

第 二 部 分

中国寿险业经营分析报告

（一）保险业务收入年增长率

表 26　2017—2021 年寿险公司的保险业务收入年增长率及其排名

编号	公司简称	2017		2018		2019		2020		2021	
		指标值	排名	指标值	排名	指标值	排名	指标值	排名	指标值	排名
1	中国人寿	18.92%	42	3.92%	44	5.31%	58	9.28%	49	0.99%	52
2	平安人寿	34.07%	30	21.13%	30	10.52%	54	−3.61%	65	−4.00%	59
3	太平洋人寿	27.86%	36	15.25%	37	4.99%	59	−0.26%	62	−0.13%	54
4	新华人寿	−2.90%	50	11.89%	40	12.96%	52	15.48%	36	2.48%	49
5	泰康人寿	27.35%	38	3.27%	46	10.06%	55	11.28%	44	10.05%	37
6	太平人寿	20.62%	40	8.55%	41	14.15%	50	3.08%	56	2.47%	51
7	华夏人寿	88.81%	10	77.14%	8	15.49%	48	N/A	N/A	N/A	N/A
8	中国人民人寿	0.77%	48	−11.82%	52	4.70%	60	−1.99%	64	0.68%	53
9	富德生命人寿	−21.31%	56	−10.79%	51	−28.46%	70	18.46%	32	N/A	N/A
10	前海人寿	N/A	N/A	N/A	N/A	N/A	N/A	2.36%	58	−8.30%	61
11	阳光人寿	14.69%	45	−25.47%	57	26.60%	33	14.52%	39	10.39%	36
12	中邮人寿	38.55%	24	40.37%	16	17.13%	44	21.40%	29	4.65%	45
13	国华人寿	73.51%	14	−25.16%	56	9.18%	56	−13.07%	68	16.38%	28
14	建信人寿	−35.94%	59	−15.70%	54	17.21%	43	46.66%	16	11.51%	33
15	友邦人寿	28.83%	35	25.89%	23	30.61%	30	16.59%	34	13.90%	31
16	天安人寿	43.51%	20	21.75%	29	−11.07%	67	N/A	N/A	N/A	N/A
17	工银安盛人寿	15.70%	44	−15.06%	53	60.95%	17	−11.52%	67	−2.90%	57
18	恒大人寿	709.85%	3	15.20%	38	29.81%	31	43.56%	17	N/A	N/A
19	百年人寿	54.36%	16	36.57%	18	18.35%	40	16.29%	35	5.28%	43
20	民生人寿	−11.37%	54	3.77%	45	7.08%	57	1.60%	60	−2.61%	56
21	农银人寿	30.48%	34	−26.09%	59	31.70%	28	13.97%	40	11.05%	34
22	合众人寿	25.71%	39	−36.06%	60	10.83%	53	12.87%	42	48.33%	11
23	君康人寿	646.65%	4	7.63%	43	22.52%	36	N/A	N/A	N/A	N/A
24	中信保诚人寿	46.05%	18	27.97%	22	38.73%	24	9.45%	48	14.84%	29
25	中意人寿	−3.16%	51	48.99%	10	4.53%	61	3.80%	55	22.98%	26
26	幸福人寿	35.52%	26	−50.39%	65	−10.03%	66	17.07%	33	35.98%	14
27	珠江人寿	−32.08%	58	−58.89%	66	−20.90%	68	118.10%	3	N/A	N/A
28	信泰人寿	318.61%	7	−37.43%	61	183.58%	9	116.88%	4	7.79%	41
29	招商信诺人寿	6.91%	47	17.54%	34	19.53%	37	9.21%	50	10.96%	35

（续表）

编号	公司简称	2017		2018		2019		2020		2021	
		指标值	排名	指标值	排名	指标值	排名	指标值	排名	指标值	排名
30	交银人寿	35.32%	27	−38.94%	63	53.17%	21	27.60%	22	8.11%	40
31	中美联泰大都会人寿	17.10%	43	15.56%	36	23.91%	34	5.08%	53	3.26%	48
32	上海人寿	−40.43%	60	−0.95%	48	96.98%	12	33.49%	20	N/A	N/A
33	长城人寿	58.96%	15	21.88%	28	30.71%	29	8.36%	51	26.65%	20
34	利安人寿	−24.80%	57	29.41%	21	18.39%	39	10.84%	46	24.91%	23
35	中融人寿	1423150%	2	43.84%	15	58.70%	19	51.43%	14	N/A	N/A
36	光大永明人寿	39.61%	21	46.08%	11	13.47%	51	14.76%	37	4.58%	46
37	中宏人寿	34.23%	29	20.10%	32	23.05%	35	23.12%	24	9.32%	38
38	中英人寿	20.22%	41	8.02%	42	17.99%	42	5.09%	52	8.94%	39
39	渤海人寿	32.86%	31	−10.16%	50	−2.42%	62	14.54%	38	−1.30%	55
40	英大泰和人寿	77.36%	12	34.38%	20	79.35%	15	54.05%	13	18.47%	27
41	华泰人寿	31.61%	33	18.74%	33	16.22%	45	1.02%	61	3.65%	47
42	弘康人寿	421.38%	6	39.65%	17	55.83%	20	−34.88%	69	14.05%	30
43	招商局仁和人寿	N/A	N/A	643.15%	2	280.48%	5	12.07%	43	5.35%	42
44	中荷人寿	39.14%	22	16.73%	35	15.77%	47	19.44%	31	29.98%	17
45	中德安联人寿	27.70%	37	22.38%	27	15.88%	46	4.23%	54	−5.79%	60
46	中银三星人寿	8.02%	46	−26.01%	58	85.08%	14	46.83%	15	84.09%	5
47	东吴人寿	34.86%	28	−63.24%	67	89.00%	13	−0.75%	63	79.17%	6
48	恒安标准人寿	37.44%	25	24.83%	25	18.06%	41	13.05%	41	26.66%	19
49	财信吉祥人寿	74.85%	13	−47.83%	64	−28.05%	69	−7.36%	66	235.74%	3
50	同方全球人寿	50.45%	17	36.41%	19	37.24%	25	22.50%	25	5.20%	44
51	北大方正人寿	32.04%	32	2.83%	47	36.93%	26	1.75%	59	27.82%	18
52	陆家嘴国泰人寿	77.39%	11	46.03%	12	15.39%	49	10.66%	47	13.52%	32
53	横琴人寿	2504597%	1	185.42%	5	141.85%	11	11.20%	45	2.48%	50
54	中韩人寿	−1.84%	49	22.44%	26	32.60%	27	34.07%	19	−3.32%	58
55	复星保德信人寿	470.42%	5	90.34%	7	222.60%	7	−36.37%	70	24.87%	25
56	汇丰人寿	38.87%	23	20.28%	31	28.05%	32	2.70%	57	30.53%	16
57	长生人寿	−4.08%	52	24.98%	24	−35.93%	71	27.94%	21	26.23%	21
58	北京人寿	N/A	N/A	N/A	N/A	565.20%	2	105.90%	6	73.94%	7
59	瑞泰人寿	−18.72%	55	45.45%	13	19.49%	38	21.95%	27	51.10%	10
60	国联人寿	−43.27%	61	104.84%	6	−9.38%	65	22.28%	26	71.31%	8

(续表)

编号	公司简称	2017		2018		2019		2020		2021	
		指标值	排名	指标值	排名	指标值	排名	指标值	排名	指标值	排名
61	中华联合人寿	247.01%	8	207.42%	4	51.37%	22	61.81%	11	57.75%	9
62	信美人寿相互保险社	N/A	N/A	13.64%	39	273.31%	6	68.02%	10	93.12%	4
63	国宝人寿	N/A	N/A	N/A	N/A	209.57%	8	89.56%	7	38.03%	12
64	和泰人寿	N/A	N/A	331.70%	3	60.80%	18	69.45%	9	−37.56%	64
65	爱心人寿	N/A	N/A	2384.01%	1	154.30%	10	329.37%	1	37.54%	13
66	国富人寿	N/A	N/A	N/A	N/A	302.83%	4	163.51%	2	34.01%	15
67	海保人寿	N/A	N/A	N/A	N/A	316.77%	3	21.70%	28	−37.54%	63
68	华贵人寿	N/A	N/A	52.52%	9	68.75%	16	84.51%	8	24.90%	24
69	君龙人寿	43.84%	19	−20.70%	55	−7.58%	64	55.00%	12	−34.93%	62
70	三峡人寿	N/A	N/A	N/A	N/A	8204.82%	1	20.22%	30	−43.36%	65
71	德华安顾人寿	138.13%	9	44.95%	14	46.88%	23	24.53%	23	25.90%	22
72	鼎诚人寿	−8.83%	53	−6.01%	49	−4.60%	63	108.91%	5	751.76%	2
73	小康人寿	−99.72%	62	−37.43%	62	−56.21%	72	38.47%	18	36906.15%	1

注:1. 按照近5年的总投资资产均值,对这73家寿险公司进行顺序排位,并赋予每家公司编号,以下各表类同;

2. 指标值根据各家寿险公司历年财报整理得到,降序排名,内涵着保险业务收入增长率越高,公司经营通常越好;

3. N/A表示数据缺失,这与公司尚未开业经营或未按期披露财报有关。

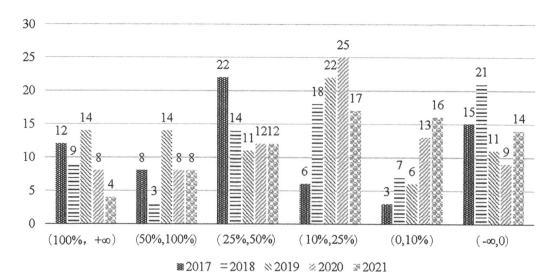

图28 2017—2021年寿险公司的保险业务收入年增长率的区间分布

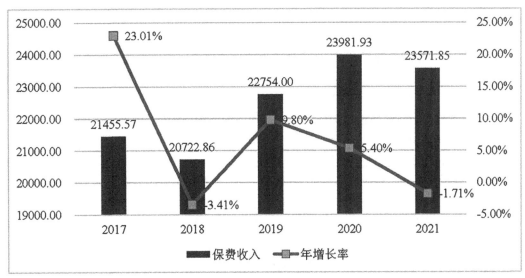

图 29　2017—2021 年寿险业的保费收入及其年增长率（单位：亿元）

数据来源：Wind。

注：本图数据仅反映我国寿险业务原保费收入，而非我国人身险业务原保费收入。例如，2021 年，我国人身险业务原保费收入 3.32 万亿元，其中，寿险业务原保费收入 2.36 万亿元，健康险业务原保费收入 8447 亿元，人身意外伤害险原保费收入 1210 亿元。

1. 指标计算公式

$$第\ t\ 年保险业务收入年增长率 = \frac{保险业务收入_t - 保险业务收入_{t-1}}{保险业务收入_{t-1}}$$

（公式 16）

2. 指标分析

该指标反映寿险公司当年保险业务收入（或原保费收入，含分入保费）相对于去年的增长情况。

按公式 16 测算出每家寿险公司 2017～2021 年的保险业务收入年增长率，逐年排名并列示在表 26 中。需要说明的是：第一，分析样本包括 73 家寿险公司。因为大家人寿、华汇人寿一直未披露财务年报，故不包括在分析样本中；前海人寿 2020 年及以前按合并报表披露财务数据，故 2017—2019 年度数据未纳入排序。第二，按照近 5 年的总投资资产均值，对这 73 家寿险公司进行顺序排位，并赋予每家公司的编号。有些公司 2017 年之后开业，有些公司在 2017 年后暂停年报披露，我们对这些公司按数据可得性测算它们的总投资资产均值。

从保险业务收入增长率这个单一指标来看，不同的保险公司因发展阶段的不同，使得保险业务收入年增长率有极大的分化表现。经营期间较长的公司保险业务收入年增长率相对稳定，而初创期公司的保险业务收入年增长率波动剧烈。尤其在成立次年的财报年度，初创期公司往往有几倍乃至上百倍的业务增速，但在后续年度会逐步回落至正常水平。小康人寿（原中法人寿）系 2020 年 12 月底完成股权变更增加资本金，2021 年经由中国银保监会审核批准完成更名，故其 2021 年保费收入增长率指标畸高。

从过去 5 年的增长率统计数据来看，每年增长率均超过 10% 以上的公司有 7 家，分别是友邦人寿、英大泰和人寿、中荷人寿、恒安标准人寿、陆家嘴国泰人寿、中华联合人寿和德华安顾人寿；每年增长率均超过 5% 的还有另外 8 家，分别是泰康人寿、中信保诚人寿、招商信诺人寿、联泰大都会人寿、长城人寿、中宏人寿、中英人寿和同方全球人寿。若剔除没有数据的年份，则每年增长率超过 10% 的还有北京人寿、信美相互、国宝人寿等。

图 28 整理了每年的保险业务收入年增长率的区间分布情况（剔除了未披露报表的公司）。2017 年至 2021 年间：2017 年有 40 家公司的增长率超过 25%；2018 年只有 26 家增长率超过 25%，有 21 家处于负增长区间；2019 年增速有所回升；2020 年和 2021 年增速趋于缓和，落在 [0%，50%] 增长区间的公司分别有 50 家和 48 家，2021 年负增长区间公司略有增加。

图 29 展示了 2017—2021 年寿险业的保费收入及其年增长率情况。总体来看，过去 5 年，寿险业务收入年增长率的区间分布呈现波动向下的趋势。原因可能有如下三方面：第一，受到 2017 年出台的《中国保监会关于规范人身保险公司产品开发设计行为的通知》（134 号文）的影响，理财型保险产品销量下降，导致行业保费收入下降（主要指 2018 年）。第二，经济全球化和国际大循环受阻、2020 年以来的新冠肺炎疫情等因素导致经济运行不畅，也促使寿险业保费增长减速。第三，我国寿险业长期依赖的"人海战术"已经将能够开发的潜在客户系统开发了一遍，容易做的存量保险业务已经都做过了，寿险业进入新发展阶段，即需要针对新成长起来的客群开发流量业务，需要依赖更高超的保险销售技术去重新开发存量客群的深层次保险需求，由此，寿险业的保费增长速度自然也会下滑。

期待疫情结束，经济增速复苏，期待寿险业发展出高超的销售技术和规模较大的高业绩销售队伍，尽快度过业务发展受阻的困境。

（二）总负债成本率

表 27　2017—2021 年寿险公司总负债成本率及其排名

编号	公司简称	2017		2018		2019		2020		2021	
		指标值	排名	指标值	排名	指标值	排名	指标值	排名	指标值	排名
1	中国人寿	3.85%	17	2.98%	18	3.53%	24	4.15%	22	4.11%	20
2	平安人寿	3.32%	13	0.33%	4	1.35%	5	1.82%	2	1.55%	2
3	太平洋人寿	3.84%	16	2.37%	14	3.51%	21	4.02%	20	4.11%	21
4	新华人寿	4.25%	21	3.26%	21	3.18%	15	3.70%	13	4.46%	25
5	泰康人寿	3.25%	11	1.09%	6	2.74%	13	4.04%	21	3.31%	11
6	太平人寿	2.06%	5	1.63%	11	2.34%	9	3.46%	11	4.43%	24
7	华夏人寿	7.69%	45	5.87%	48	3.51%	22	N/A	N/A	N/A	N/A

（续表）

编号	公司简称	2017		2018		2019		2020		2021	
		指标值	排名	指标值	排名	指标值	排名	指标值	排名	指标值	排名
8	中国人民人寿	5.69%	36	4.34%	30	4.77%	42	5.23%	38	4.75%	31
9	富德生命人寿	5.47%	35	4.66%	35	3.21%	16	4.01%	19	N/A	N/A
10	前海人寿	N/A	N/A	N/A	N/A	N/A	N/A	9.02%	57	3.56%	12
11	阳光人寿	5.26%	34	3.58%	25	3.45%	20	3.94%	18	3.13%	7
12	中邮人寿	4.84%	27	4.81%	36	4.14%	32	5.32%	40	4.74%	30
13	国华人寿	4.74%	25	4.56%	34	4.15%	33	4.91%	33	4.22%	22
14	建信人寿	4.68%	24	4.47%	31	4.56%	37	4.57%	28	4.78%	33
15	友邦人寿	2.12%	7	−0.72%	2	−1.97%	2	0.34%	1	0.32%	1
16	天安人寿	7.08%	41	3.96%	27	4.76%	40	N/A	N/A	N/A	N/A
17	工银安盛人寿	5.02%	28	2.62%	16	4.53%	35	5.13%	35	4.79%	34
18	恒大人寿	8.52%	50	6.39%	50	4.77%	41	4.29%	24	N/A	N/A
19	百年人寿	6.57%	39	5.12%	41	4.00%	30	4.92%	34	4.53%	28
20	民生人寿	4.15%	19	3.05%	19	3.24%	17	3.81%	15	3.16%	9
21	农银人寿	5.07%	30	4.48%	32	4.66%	39	5.31%	39	4.76%	32
22	合众人寿	4.36%	22	3.48%	24	3.71%	27	3.86%	17	3.14%	8
23	君康人寿	8.07%	47	6.39%	49	9.21%	57	N/A	N/A	N/A	N/A
24	中信保诚人寿	1.48%	2	1.46%	8	1.59%	8	2.00%	3	1.71%	3
25	中意人寿	4.08%	18	2.63%	17	3.33%	19	4.45%	26	3.92%	18
26	幸福人寿	7.15%	42	5.59%	45	5.07%	45	4.65%	29	5.22%	37
27	珠江人寿	8.13%	48	5.53%	44	5.19%	46	5.89%	44	N/A	N/A
28	信泰人寿	8.78%	51	4.85%	38	2.48%	10	4.21%	23	3.60%	13
29	招商信诺人寿	1.57%	3	1.02%	5	1.46%	7	3.50%	12	4.47%	27
30	交银人寿	4.46%	23	3.43%	23	4.30%	34	4.86%	32	4.47%	26
31	中美联泰大都会	1.76%	4	−0.48%	3	0.35%	4	2.18%	6	2.33%	5
32	上海人寿	6.79%	40	7.20%	53	5.96%	50	6.47%	47	N/A	N/A
33	长城人寿	6.28%	37	5.08%	40	2.62%	11	2.87%	8	3.75%	15
34	利安人寿	8.37%	49	7.31%	54	6.45%	52	6.84%	49	5.82%	43
35	中融人寿	7.41%	44	6.98%	52	7.83%	54	2.55%	7	N/A	N/A
36	光大永明人寿	2.31%	9	2.60%	15	3.52%	23	5.69%	43	6.06%	44
37	中宏人寿	1.03%	1	1.55%	9	1.44%	6	2.01%	5	3.77%	16
38	中英人寿	3.68%	14	1.34%	7	3.96%	29	5.18%	36	4.05%	19
39	渤海人寿	9.03%	54	6.54%	51	7.76%	53	5.94%	45	5.73%	42

（续表）

编号	公司简称	2017		2018		2019		2020		2021	
		指标值	排名	指标值	排名	指标值	排名	指标值	排名	指标值	排名
40	英大泰和人寿	5.14%	32	5.04%	39	4.91%	43	4.82%	31	4.73%	29
41	华泰人寿	5.03%	29	3.20%	20	3.66%	26	3.85%	16	5.45%	40
42	弘康人寿	2.22%	8	1.58%	10	3.07%	14	2.94%	9	2.81%	6
43	招商局仁和人寿	*111.75%*	66	30.14%	64	11.30%	60	7.67%	54	6.17%	45
44	中荷人寿	5.23%	33	4.05%	28	4.09%	31	5.49%	42	5.16%	36
45	中德安联人寿	2.09%	6	−2.69%	1	0.31%	3	2.00%	4	1.96%	4
46	中银三星人寿	5.12%	31	4.83%	37	4.55%	36	5.41%	41	5.31%	39
47	东吴人寿	9.12%	55	5.19%	42	5.80%	49	6.86%	50	6.93%	48
48	恒安标准人寿	4.21%	20	2.02%	13	3.88%	28	5.19%	37	5.10%	35
49	财信吉祥人寿	8.92%	53	5.77%	46	5.67%	48	7.05%	51	6.70%	47
50	同方全球人寿	3.82%	15	1.99%	12	2.71%	12	3.22%	10	3.63%	14
51	北大方正人寿	7.21%	43	5.31%	43	5.22%	47	6.80%	48	8.33%	56
52	陆家嘴国泰人寿	8.03%	46	4.19%	29	4.97%	44	5.99%	46	6.21%	46
53	横琴人寿	31.49%	62	17.45%	61	11.07%	58	7.60%	53	5.71%	41
54	中韩人寿	14.35%	58	12.86%	58	14.47%	64	10.86%	60	10.80%	62
55	复星保德信人寿	18.64%	59	5.81%	47	3.28%	18	8.18%	55	7.95%	54
56	汇丰人寿	3.30%	12	3.83%	26	4.64%	38	4.81%	30	5.25%	38
57	长生人寿	8.83%	52	8.70%	55	6.27%	51	4.53%	27	4.39%	23
58	北京人寿	N/A	N/A	*92.01%*	69	20.86%	67	12.20%	62	9.65%	61
59	瑞泰人寿	4.78%	26	3.40%	22	3.57%	25	3.71%	14	3.85%	17
60	国联人寿	13.57%	57	12.39%	57	11.51%	61	9.39%	58	8.57%	57
61	中华联合人寿	20.09%	60	18.21%	62	11.30%	59	9.57%	59	7.00%	50
62	信美人寿相互保险社	*83.19%*	64	24.04%	63	8.01%	55	4.38%	25	3.24%	10
63	国宝人寿	N/A	N/A	*82.68%*	68	16.92%	65	14.41%	64	8.71%	58
64	和泰人寿	*197.40%*	67	32.55%	65	13.02%	63	10.99%	61	7.08%	51
65	爱心人寿	*435.62%*	68	99.56%	70	33.39%	71	13.69%	63	7.62%	53
66	国富人寿	N/A	N/A	*178.56%*	72	21.89%	68	18.67%	70	13.22%	64
67	海保人寿	N/A	N/A	*107.14%*	71	28.04%	69	14.53%	65	8.26%	55
68	华贵人寿	*47.05%*	63	13.88%	60	11.86%	62	8.67%	56	6.96%	49
69	君龙人寿	2.87%	10	4.54%	33	−3.40%	1	7.32%	52	7.48%	52
70	三峡人寿	*98.55%*	65	63.53%	67	33.58%	72	17.16%	68	9.63%	60

（续表）

编号	公司简称	2017		2018		2019		2020		2021	
		指标值	排名	指标值	排名	指标值	排名	指标值	排名	指标值	排名
71	德华安顾人寿	27.07%	61	37.46%	66	29.80%	70	15.04%	66	8.78%	59
72	鼎诚人寿	12.84%	56	12.88%	59	20.32%	66	18.15%	69	10.81%	63
73	小康人寿	6.53%	38	8.76%	56	8.48%	56	15.75%	67	77.29%	65

注：1.指标值根据各家寿险公司历年财报整理得到,升序排名,内涵着总负债成本率越低,公司经营通常越好;

2.N/A表示数据缺失,这与公司尚未开业经营或未按期披露财报有关;

3.斜体字标示因空缺前一年度期末总负债数据,以0计算,指标分母因此偏小,计算结果偏高。

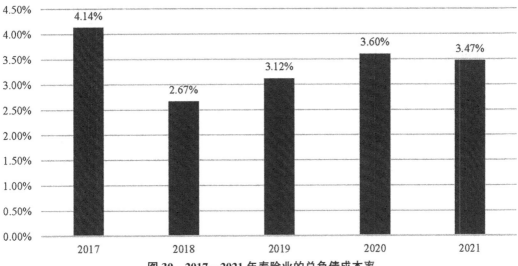

图30　2017—2021年寿险业的总负债成本率

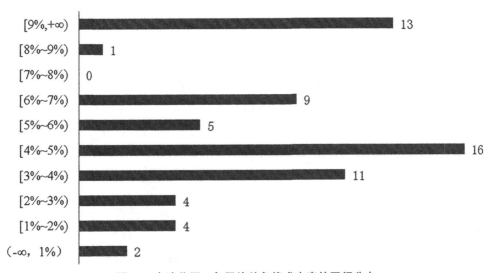

图31　寿险公司5年平均总负债成本率的区间分布

注：每家公司的均值由样本期内可得数据计算得出，因此数据不全时可能是低于 5 年的均值。以下各区间分布图类同。

表 28　2017—2021 年总负债成本率平均值排名前十的寿险公司列表

序号	公司简称	2017		2018		2019		2020		2021		平均值
		指标值	排名	指标值	排名	指标值	排名	指标值	排名	指标值	排名	
1	友邦人寿	2.12%	7	−0.72%	2	−1.97%	2	0.34%	1	0.32%	1	0.02%
2	中德安联人寿	2.09%	6	−2.69%	1	0.31%	3	2.00%	4	1.96%	4	0.73%
3	中美联泰大都会人寿	1.76%	4	−0.48%	3	0.35%	4	2.18%	6	2.33%	5	1.23%
4	中信保诚人寿	1.48%	2	1.46%	8	1.59%	8	2.00%	3	1.71%	3	1.65%
5	平安人寿	3.32%	13	0.33%	4	1.35%	5	1.82%	2	1.55%	2	1.67%
6	中宏人寿	1.03%	1	1.55%	9	1.44%	6	2.01%	5	3.77%	16	1.96%
7	招商信诺人寿	1.57%	3	1.02%	5	1.46%	7	3.50%	12	4.47%	27	2.40%
8	弘康人寿	2.22%	8	1.58%	10	3.07%	14	2.94%	8	2.81%	6	2.52%
9	太平人寿	2.06%	5	1.63%	11	2.34%	9	3.46%	11	4.43%	24	2.78%
10	泰康人寿	3.25%	11	1.09%	6	2.74%	13	4.04%	21	3.31%	11	2.89%

注：指标排名越靠前，总负债成本率越低。

1. 指标计算公式

$$总负债成本率 = \frac{总投资收益 - 税前利润}{总负债平均余额 - 应收分保准备金平均余额} \times 100\%$$

（公式 17）

其中，总投资收益＝投资收益＋公允价值变动损益＋汇兑损益－资产减值损失＋投资性房地产租金收入－投资性房地产折旧

总负债平均余额＝（期初总负债＋期末总负债）/2

应收分保准备金平均余额＝（期初应收分保到期责任准备金＋期末应收分保未到期责任准备金＋期初应收分保未决赔款准备金＋期末应收分保未决赔款准备金＋期初分保寿险责任准备金＋期末应收分保寿险责任准备金＋期初应收分保健康险责任准备金＋期末应收分保健康险责任准备金）/2

2. 指标分析

总负债成本率是衡量寿险公司负债资金成本率的指标。若将一家寿险公司的利润来源像财险公司一样分为两项：承保利润和总投资收益，则，如《保险公司经营分析：基于财务报告》中所述，就可用"－承保利润/保险负债"来衡量保险负债的资金成本率。利润来源于承保利润和总投资收益，意味着"承保利润＋总投资收益＝税前利润"，因此，承保

利润＝税前利润－总投资收益,保险负债的资金成本率＝－承保利润/保险负债＝(总投资收益－税前利润)/保险负债。对于寿险公司而言,这里的保险负债包括四项保险准备金以及保户储金及投资款。鉴于寿险公司的其他负债(包括独立账户负债、卖出回购金融资产款等)规模和与其他负债相关的损益通常很低,再考虑到负债中的保险准备金总额列报(不考虑分出业务)等原因,这里就用"$\dfrac{总投资收益－税前利润}{总负债平均余额－应收分保准备金平均余额}$"来表示总负债成本率。

表 27 给出了 2017—2021 年各寿险公司总负债成本率及其排名。显然,该指标越低,说明该公司的总负债成本率越低,负债质量越好,或者说该公司的存量保险业务质量越好。如果该指标值为负,表明不考虑投资收益,仅承保业务就给公司贡献了利润,说明该公司存量保险业务的质量好到了天上。

图 30 给出了该指标过去 5 年行业均值,反映的是寿险行业总负债成本的整体水平,2018 年最低 2.67%,2017 年最高 4.14%。

图 31 展示了每家公司总负债成本率 5 年均值的分布情况(需要说明的是,每家公司均值由样本期内可得数据计算得出,数据不全时可能是 4 年均值或 3 年均值,以下各区间分布图类同),可以看到,5 年均值高于 9% 的公司数量有 13 家,这些公司大多是处于发展初期的小公司,相信随着业务的开拓,能够找到降低总负债成本率的方法。总负债成本率低于 4% 的公司有 21 家。

表 28 列出了总负债成本率 5 年均值最低的 10 家公司,分别是友邦人寿、中德安联、中美联泰大都会、中信保诚人寿、中宏人寿、平安人寿、弘康人寿、招商信诺、泰康人寿、太平人寿,这些公司的总负债成本率 5 年均值均小于 3%。友邦 2018 年和 2019 年的总负债成本率为负值,近两年的总负债成本率也低于 0.5%,说明其业务质量极高。可以看出,上述公司包含 3 家大型寿险公司、6 家外资或合资寿险公司以及弘康人寿,除弘康人寿外,各公司基本都具备主营长期保障性保险和长期保障储蓄性保险的能力,存量业务结构良好,并且,不少公司具备很强的品牌实力,进而能够控制或维持较低的总负债成本。

总负债成本率越低,通常说明该公司的负债质量或存量保险业务质量越好,但也有例外。在上述总负债成本率最低的 10 家公司中,其他公司都是业绩持续优质的公司,但弘康人寿与这些公司并列还是显得有些特别,尽管这家成立于 2012 年的公司自成立起就几乎年年盈利,并且具有很强的互联网经营特性,但从保险业务数据来看,过去这些年,该公司主打的是两全保险和投连险,而且是以银保渠道为主,这样的业务结构和渠道结构不太可能将保险负债成本率做到表 28 显示的 2% 左右。经过简单分析可以发现,该公司总负债成本率低的原因,很可能是因为其独立账户负债占比很高,而独立账户负债＝独立账户资产,独立账户负债基本没有什么成本,进而拉低了该公司的总负债成本率。例如,2017 年底,弘康人寿的总负债为 283 亿元,其中独立账户负债为 154 亿元,独立账户负债占比达 54.4%;2021 年底,弘康人寿的总负债为 690 亿元,其中独立账户负债为 235 亿元,独立账户负债占比达 34.1%。

除表中列出的 10 家 5 年均值低于 3% 的公司外,同方全球人寿总负债成本率 5 年均值也仅为 3.07%，排名第 11 位。若将弘康人寿剔除，同方全球人寿将位列第 10。

（三）保户储金成本率

表 29　2017—2021 年寿险公司保户储金成本率及其排名

编号	公司简称	2017		2018		2019		2020		2021	
		指标值	排名	指标值	排名	指标值	排名	指标值	排名	指标值	排名
1	中国人寿	3.77%	9	3.83%	16	3.50%	9	3.54%	5	4.23%	19
2	平安人寿	5.09%	30	3.97%	22	3.77%	15	3.57%	6	4.30%	22
3	太平洋人寿	3.64%	5	4.27%	30	4.36%	32	4.11%	20	4.22%	18
4	新华人寿	4.01%	12	4.17%	26	4.00%	21	4.17%	21	4.19%	14
5	泰康人寿	3.25%	2	3.23%	8	5.62%	41	5.29%	53	5.53%	53
6	太平人寿	4.00%	10	4.14%	24	4.29%	27	4.43%	30	4.32%	24
7	华夏人寿	5.15%	32	4.70%	36	4.43%	33	N/A	N/A	N/A	N/A
8	中国人民人寿	3.42%	3	4.20%	28	4.07%	23	3.79%	10	3.80%	8
9	富德生命人寿	5.13%	31	4.76%	37	4.26%	26	4.35%	26	N/A	N/A
10	前海人寿	N/A	N/A	N/A	N/A	N/A	N/A	4.32%	25	4.19%	13
11	阳光人寿	N/A	N/A	N/A	N/A	N/A	N/A	4.38%	29	4.30%	21
12	中邮人寿	N/A	N/A	N/A	N/A	N/A	N/A	N/A	N/A	N/A	N/A
13	国华人寿	N/A	N/A	N/A	N/A	N/A	N/A	5.52%	56	5.06%	48
14	建信人寿	N/A	N/A	5.94%	46	6.03%	44	4.70%	40	4.63%	39
15	友邦人寿	3.68%	6	3.74%	14	3.73%	12	3.64%	8	3.56%	5
16	天安人寿	5.21%	35	4.86%	38	4.49%	34	N/A	N/A	N/A	N/A
17	工银安盛人寿	N/A	N/A	N/A	N/A	N/A	N/A	4.68%	39	4.65%	41
18	恒大人寿	5.61%	38	5.71%	45	5.59%	40	5.54%	57	N/A	N/A
19	百年人寿	N/A	N/A	N/A	N/A	N/A	N/A	N/A	N/A	N/A	N/A
20	民生人寿	5.21%	34	5.13%	42	5.84%	43	4.28%	24	4.63%	40
21	农银人寿	5.93%	40	5.12%	41	4.53%	35	4.51%	34	4.87%	45
22	合众人寿	4.67%	23	4.31%	33	4.93%	36	5.13%	49	4.21%	17
23	君康人寿	4.10%	15	4.90%	39	6.22%	46	N/A	N/A	N/A	N/A
24	中信保诚人寿	4.33%	19	3.84%	17	4.10%	24	3.61%	7	3.35%	2
25	中意人寿	4.05%	13	3.67%	13	3.78%	16	3.92%	12	3.91%	9
26	幸福人寿	4.34%	20	4.55%	34	3.58%	10	4.24%	23	4.39%	26
27	珠江人寿	6.85%	42	6.17%	48	6.39%	47	5.28%	52	N/A	N/A

（续表）

编号	公司简称	2017		2018		2019		2020		2021	
		指标值	排名	指标值	排名	指标值	排名	指标值	排名	指标值	排名
28	信泰人寿	4.84%	28	3.16%	7	8.63%	52	5.32%	55	4.56%	32
29	招商信诺人寿	N/A	N/A	3.82%	15	3.96%	19	4.05%	17	3.38%	3
30	交银人寿	N/A	N/A	N/A	N/A	N/A	N/A	4.37%	27	4.48%	27
31	中美联泰大都会	4.09%	14	3.90%	19	3.95%	18	3.81%	11	3.65%	6
32	上海人寿	5.19%	33	5.34%	43	5.20%	38	5.30%	54	N/A	N/A
33	长城人寿	4.92%	29	4.30%	32	4.35%	31	5.10%	48	4.54%	30
34	利安人寿	4.68%	24	3.95%	21	3.23%	8	4.97%	46	4.72%	43
35	中融人寿	N/A	N/A	N/A	N/A	N/A	N/A	N/A	N/A	N/A	N/A
36	光大永明人寿	4.01%	11	3.84%	18	3.21%	7	3.22%	3	3.39%	4
37	中宏人寿	N/A	N/A	3.63%	11	3.75%	14	3.97%	14	4.00%	11
38	中英人寿	N/A	N/A	N/A	N/A	N/A	N/A	3.96%	13	3.95%	10
39	渤海人寿	6.13%	41	6.19%	49	7.18%	48	4.22%	22	6.18%	55
40	英大泰和人寿	N/A	N/A	N/A	N/A	N/A	N/A	4.38%	28	5.29%	51
41	华泰人寿	3.73%	8	3.64%	12	4.17%	25	4.07%	18	4.29%	20
42	弘康人寿	4.75%	26	6.00%	47	8.40%	51	4.70%	41	4.53%	29
43	招商局仁和人寿	N/A	N/A	N/A	N/A	N/A	N/A	4.50%	32	5.01%	47
44	中荷人寿	3.69%	7	4.29%	31	3.13%	4	4.00%	15	4.11%	12
45	中德安联人寿	N/A	N/A	N/A	N/A	N/A	N/A	4.67%	38	5.70%	54
46	中银三星人寿	N/A	N/A	N/A	N/A	N/A	N/A	4.80%	42	4.62%	38
47	东吴人寿	4.29%	17	4.17%	27	4.00%	20	4.47%	31	4.37%	25
48	恒安标准人寿	5.82%	39	3.39%	9	7.70%	49	6.36%	59	4.72%	42
49	财信吉祥人寿	N/A	N/A	4.16%	25	3.68%	11	4.54%	35	5.40%	52
50	同方全球人寿	5.44%	37	5.50%	44	5.81%	42	6.18%	58	7.68%	57
51	北大方正人寿	4.38%	21	3.62%	10	4.35%	30	4.56%	36	4.20%	15
52	陆家嘴国泰人寿	4.77%	27	4.27%	29	4.35%	29	4.50%	33	4.30%	23
53	横琴人寿	N/A	N/A	N/A	N/A	N/A	N/A	5.27%	51	4.57%	34
54	中韩人寿	4.48%	22	4.13%	23	4.30%	28	4.90%	44	4.53%	28
55	复星保德信人寿	3.47%	4	4.56%	35	6.18%	45	4.89%	43	4.73%	44
56	汇丰人寿	3.19%	1	3.15%	6	3.15%	5	3.19%	2	3.15%	1
57	长生人寿	N/A	N/A	N/A	N/A	N/A	N/A	N/A	N/A	N/A	N/A
58	北京人寿	N/A	N/A	N/A	N/A	3.20%	6	3.37%	4	5.10%	50
59	瑞泰人寿	4.74%	25	3.90%	20	3.93%	17	3.77%	9	4.20%	16

（续表）

编号	公司简称	2017 指标值	排名	2018 指标值	排名	2019 指标值	排名	2020 指标值	排名	2021 指标值	排名
60	国联人寿	5.23%	36	5.09%	40	4.02%	22	4.05%	16	5.09%	49
61	中华联合人寿	4.33%	18	2.64%	4	1.38%	1	1.46%	1	4.59%	35
62	信美人寿相互保险社	N/A	N/A	N/A	N/A	N/A	N/A	N/A	N/A	N/A	N/A
63	国宝人寿	N/A	N/A	N/A	N/A	1.49%	2	6.72%	61	4.56%	31
64	和泰人寿	N/A	N/A	1.73%	2	3.75%	13	5.17%	50	4.56%	33
65	爱心人寿	N/A	N/A	1.43%	1	5.06%	37	4.94%	45	4.59%	36
66	国富人寿	N/A	N/A	N/A	N/A	2.21%	3	6.44%	60	4.62%	37
67	海保人寿	N/A	N/A	N/A	N/A	N/A	N/A	N/A	N/A	N/A	N/A
68	华贵人寿	N/A	N/A	N/A	N/A	N/A	N/A	N/A	N/A	N/A	N/A
69	君龙人寿	N/A	N/A	N/A	N/A	N/A	N/A	4.56%	37	6.32%	56
70	三峡人寿	N/A	N/A	N/A	N/A	N/A	N/A	N/A	N/A	N/A	N/A
71	德华安顾人寿	4.28%	16	2.60%	3	5.29%	39	4.08%	19	3.67%	7
72	鼎诚人寿	N/A	N/A	N/A	N/A	N/A	N/A	N/A	N/A	N/A	N/A
73	小康人寿	N/A	N/A	N/A	N/A	N/A	N/A	4.98%	47	4.93%	46

注:1.指标值根据各家寿险公司历年财报整理得到,升序排名,内涵着保户储金成本率越低,公司经营通常越好;

2.N/A表示数据缺失,这与公司尚未开业经营或未按期披露财报有关。

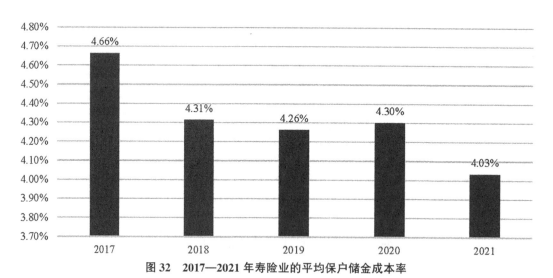

图32 2017—2021年寿险业的平均保户储金成本率

表 30　2017—2021 年保户储金成本率平均值排名前十的寿险公司列表

序号	公司简称	2017		2018		2019		2020		2021		平均值
		指标值	排名	指标值	排名	指标值	排名	指标值	排名	指标值	排名	
1	汇丰人寿	3.19%	1	3.15%	6	3.15%	5	3.19%	2	3.15%	1	3.17%
2	光大永明人寿	4.01%	11	3.84%	18	3.21%	7	3.22%	3	3.39%	4	3.53%
3	友邦人寿	3.68%	6	3.74%	14	3.73%	12	3.64%	8	3.56%	5	3.67%
4	中国人寿	3.77%	9	3.83%	16	3.50%	9	3.54%	5	4.23%	19	3.77%
5	中荷人寿	3.69%	7	4.29%	31	3.13%	4	4.00%	15	4.11%	12	3.84%
6	中信保诚人寿	4.33%	19	3.84%	17	4.10%	24	3.61%	7	3.35%	2	3.85%
7	中国人民人寿	3.42%	3	4.20%	28	4.07%	23	3.79%	10	3.80%	8	3.86%
8	中意人寿	4.05%	13	3.67%	13	3.78%	16	3.92%	12	3.91%	9	3.87%
9	中美联泰大都会人寿	4.09%	14	3.90%	19	3.95%	18	3.81%	11	3.65%	6	3.88%
10	华泰人寿	3.73%	8	3.64%	12	4.17%	25	4.07%	18	4.29%	20	3.98%

1. 指标计算公式

$$保户储金成本率$$
$$= \frac{保户储金及投资款利息支出}{(期初保户储金及投资款＋期末保户储金及投资款)/2} \times 100\%$$

（公式 18）

其中,保户储金及投资款利息支出可以从利润表中的"其他业务成本"分项中获得,保户储金及投资款金额可以从资产负债表中获得。

2. 指标分析

保户储金成本率反映了寿险公司一年内对所有万能险投资账户的平均利息成本。通常,该指标值越低,客户购买万能险所获的收益率越低,但寿险公司的保户储金负债的资金成本越低,公司盈利性越好。

表 29 展示了 2017—2021 年各寿险公司的保户储金成本率及其排名。需要说明的是:第一,因为指标分母是用期初、期末保户储金及投资款的平均值来近似计算,如果公司当年万能险业务快速发展且万能险保费收入在 1 年内不均匀分布,会导致该指标计算结果不精确。表 29 中和泰人寿、国宝人寿和爱心人寿的某些异常值可能是由上述原因导致的。第二,因数据来自公司报表附注,部分公司没有对"其他业务成本"的细项予以披露;有的直接给出利息支出,而其中也包括买入返售和卖出回购业务的买卖差价,如同方全球人寿;而有的公司附注中给出非保险合同业务成本,既包括保户储金及投资款利息支出还包括非保险合同的手续费及佣金支出、业务及管理费这些费用,如渤海人寿;上述这些情况都会使得这个指标值偏高。

图 32 给出了寿险业各年的平均保户储金成本率,这个指标的计算,是根据各家公司披露的数据,用每年各公司总的保户储金及投资款利息支出总和与年平均保户储金与投资款总和相比(剔除了部分无其他业务成本附注细项相应的公司数据)得出的。可以看到,2021 年的寿险业保户储金成本率相较于前几年明显有所降低,原因可能有如下两点:一是 2020 年 8 月银保监会为防范万能险资金利差损风险而约谈了 12 家万能险结算利率很高的人身险公司,这些公司随后很可能调低了结算利率[①];二是随着市场利率的逐渐下行,在保证市场竞争力的条件下,各寿险公司自然下调了万能险的结算利率。

表 30 列示了 5 年保户储金成本率均值最低的 10 家公司。可以看出,这些公司支付的万能险结算利率普遍低于 4%,汇丰人寿(该公司的指标值计算时,采用其报表附注的万能险宣告利息支出项的数据)以 5 年均值 3.17% 位列榜首。需要说明的是,中华联合人寿的保户储金成本率 5 年均值为 2.88%,其中 2019 年的指标值为 1.38%,我们预计这一计算结果准确性很差(主要是因为公式分母以年初年末均值来计算,该公司 2019 年年末保户储金与投资款是年初的 5.4 倍,很可能因为保户储金流入款的不均匀性而低估了资金成本率),故未纳入前十大公司列表之中。

(四) 总负债营运成本率

表 31   2017—2021 年寿险公司总负债营运成本率及其排名

编号	公司简称	2017		2018		2019		2020		2021	
		指标值	排名	指标值	排名	指标值	排名	指标值	排名	指标值	排名
1	中国人寿	4.11%	13	3.68%	12	3.95%	14	3.50%	19	2.65%	6
2	平安人寿	6.11%	28	5.47%	27	4.67%	20	3.35%	15	2.68%	8
3	太平洋人寿	5.21%	21	4.81%	22	3.77%	12	2.67%	8	1.95%	2
4	新华人寿	4.65%	19	2.49%	5	2.24%	3	3.61%	20	2.87%	9
5	泰康人寿	5.34%	22	4.68%	20	4.04%	15	3.49%	17	3.28%	13
6	太平人寿	7.82%	38	7.26%	39	5.89%	27	4.33%	26	3.82%	21
7	华夏人寿	6.30%	29	6.40%	34	6.90%	36	N/A	N/A	N/A	N/A
8	中国人民人寿	4.33%	15	4.49%	18	5.13%	23	4.71%	28	3.61%	19
9	富德生命人寿	3.65%	9	3.89%	14	3.64%	11	2.84%	9	N/A	N/A
10	前海人寿	N/A	N/A	N/A	N/A	N/A	N/A	5.04%	30	2.45%	4
11	阳光人寿	5.43%	23	5.00%	25	5.03%	22	4.36%	27	3.48%	18
12	中邮人寿	3.04%	6	2.95%	6	2.33%	4	2.52%	4	3.12%	11
13	国华人寿	3.10%	7	2.20%	3	3.63%	10	0.39%	1	2.23%	3

---

① https://baijiahao.baidu.com/s? id=1678127774126919281&wfr=spider&for=pc

（续表）

编号	公司简称	2017		2018		2019		2020		2021	
		指标值	排名	指标值	排名	指标值	排名	指标值	排名	指标值	排名
14	建信人寿	3.45%	8	3.23%	8	3.50%	8	3.30%	14	2.93%	10
15	友邦人寿	6.08%	27	6.45%	35	6.73%	34	5.84%	34	5.64%	31
16	天安人寿	9.90%	47	8.43%	43	8.19%	41	N/A	N/A	N/A	N/A
17	工银安盛人寿	3.77%	10	4.26%	16	4.41%	18	2.90%	11	2.67%	7
18	恒大人寿	5.09%	20	4.91%	23	3.58%	9	3.12%	13	N/A	N/A
19	百年人寿	7.81%	37	8.02%	42	7.19%	39	5.87%	35	5.15%	27
20	民生人寿	4.02%	12	3.47%	10	3.25%	6	2.84%	10	1.51%	1
21	农银人寿	4.42%	18	4.47%	17	4.39%	17	3.83%	22	3.35%	15
22	合众人寿	7.09%	34	5.48%	28	5.23%	24	3.63%	21	3.37%	16
23	君康人寿	4.42%	17	4.92%	24	13.35%	52	N/A	N/A	N/A	N/A
24	中信保诚人寿	6.83%	33	6.49%	36	6.22%	30	4.28%	25	3.45%	17
25	中意人寿	5.43%	24	5.11%	26	4.06%	16	3.39%	16	3.14%	12
26	幸福人寿	3.98%	11	3.28%	9	3.34%	7	3.49%	18	5.06%	26
27	珠江人寿	2.46%	4	1.80%	1	1.87%	1	1.31%	2	N/A	N/A
28	信泰人寿	8.99%	43	4.22%	15	15.33%	56	12.66%	56	9.78%	51
29	招商信诺人寿	12.59%	53	10.50%	51	9.05%	44	7.03%	43	5.74%	32
30	交银人寿	6.35%	30	3.82%	13	3.92%	13	2.95%	12	2.62%	5
31	中美联泰大都会	9.29%	45	9.40%	45	9.08%	45	6.25%	39	5.15%	28
32	上海人寿	1.74%	2	2.43%	4	4.74%	21	2.40%	3	N/A	N/A
33	长城人寿	5.66%	26	6.10%	32	6.24%	31	5.69%	31	6.18%	38
34	利安人寿	9.23%	44	7.38%	40	6.92%	37	6.18%	38	6.63%	41
35	中融人寿	1.86%	3	3.03%	7	4.45%	19	2.67%	7	N/A	N/A
36	光大永明人寿	4.40%	16	5.95%	31	6.73%	33	7.19%	46	5.99%	36
37	中宏人寿	11.24%	51	10.30%	50	9.51%	48	7.07%	44	7.18%	45
38	中英人寿	10.37%	50	9.41%	46	9.17%	46	7.02%	42	5.63%	30
39	渤海人寿	5.58%	25	4.74%	21	6.00%	29	2.67%	6	4.37%	23
40	英大泰和人寿	6.51%	31	5.85%	30	5.96%	28	4.97%	29	4.19%	22
41	华泰人寿	12.40%	52	12.05%	53	10.78%	49	7.21%	47	6.25%	39
42	弘康人寿	1.63%	1	1.84%	2	1.94%	2	2.52%	5	3.81%	20
43	招商局仁和人寿	*157.8%*	66	47.62%	65	17.70%	60	8.82%	50	7.17%	44
44	中荷人寿	7.35%	35	6.82%	37	6.72%	32	5.79%	33	4.73%	24
45	中德安联人寿	8.74%	42	6.22%	33	5.37%	25	4.24%	24	3.30%	14

（续表）

编号	公司简称	2017 指标值	排名	2018 指标值	排名	2019 指标值	排名	2020 指标值	排名	2021 指标值	排名
46	中银三星人寿	7.89%	40	7.64%	41	8.43%	42	6.07%	37	5.74%	34
47	东吴人寿	7.53%	36	5.59%	29	7.77%	40	7.13%	45	7.14%	43
48	恒安标准人寿	9.93%	48	9.95%	48	9.19%	47	6.58%	40	6.52%	40
49	财信吉祥人寿	8.50%	41	6.86%	38	7.07%	38	5.77%	32	5.74%	33
50	同方全球人寿	15.00%	55	16.79%	56	17.07%	59	14.64%	59	12.50%	56
51	北大方正人寿	9.43%	46	10.17%	49	14.00%	54	14.39%	58	14.50%	59
52	陆家嘴国泰人寿	22.42%	56	17.32%	57	13.75%	53	9.37%	51	7.80%	46
53	横琴人寿	39.27%	61	24.93%	61	15.31%	55	11.17%	53	12.17%	55
54	中韩人寿	25.65%	60	22.27%	60	21.93%	64	16.17%	60	12.95%	57
55	复星保德信人寿	23.15%	57	21.38%	59	18.32%	61	6.06%	36	6.04%	37
56	汇丰人寿	4.20%	14	4.50%	19	2.49%	5	4.21%	23	5.00%	25
57	长生人寿	7.87%	39	9.51%	47	11.95%	51	12.32%	55	10.94%	53
58	北京人寿	N/A	N/A	*102.73%*	68	37.15%	67	16.63%	61	13.64%	58
59	瑞泰人寿	2.86%	5	3.60%	11	5.51%	26	6.68%	41	9.08%	48
60	国联人寿	13.12%	54	13.71%	55	10.90%	50	8.36%	49	10.08%	52
61	中华联合人寿	23.65%	58	33.33%	63	30.13%	66	22.78%	64	15.37%	60
62	信美人寿相互保险社	*94.84%*	64	31.01%	62	15.94%	57	21.56%	62	21.16%	62
63	国宝人寿	N/A	N/A	*118.06%*	70	39.73%	69	13.12%	57	9.32%	49
64	和泰人寿	*201.7%*	67	39.04%	64	16.43%	58	7.42%	48	11.76%	54
65	爱心人寿	*472.9%*	68	117.14%	69	38.49%	68	22.93%	65	31.84%	64
66	国富人寿	N/A	N/A	*194.15%*	72	28.53%	65	25.60%	67	15.43%	61
67	海保人寿	N/A	N/A	*145.90%*	71	73.09%	72	24.21%	66	8.06%	47
68	华贵人寿	*50.42%*	62	19.41%	58	21.68%	63	21.65%	63	5.16%	29
69	君龙人寿	23.98%	59	13.41%	54	8.85%	43	9.62%	52	5.97%	35
70	三峡人寿	*98.55%*	65	78.91%	67	44.57%	70	28.84%	70	9.48%	50
71	德华安顾人寿	59.54%	63	72.63%	66	56.64%	71	27.71%	69	6.86%	42
72	鼎诚人寿	10.10%	49	11.47%	52	20.40%	62	26.82%	68	28.75%	63
73	小康人寿	6.62%	32	8.60%	44	6.88%	35	11.84%	54	120.9%	65

注：1. 指标值根据各家寿险公司历年财报整理得到，升序排名，内涵着总负债营运成本率越低，公司经营通常越好；

2. N/A表示数据缺失，这与公司尚未开业经营或未按期披露财报有关；

3. 斜体字标示因空缺前一年度期末总负债和期末应收分保准备金数据，以0计算，指标分母因此偏小,计算结果偏高。

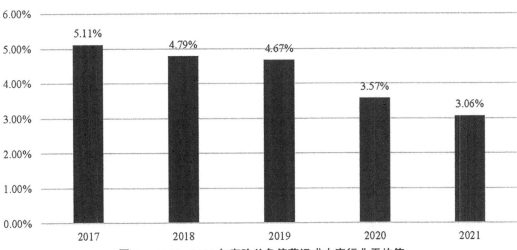

图 33 2017—2021 年寿险总负债营运成本率行业平均值

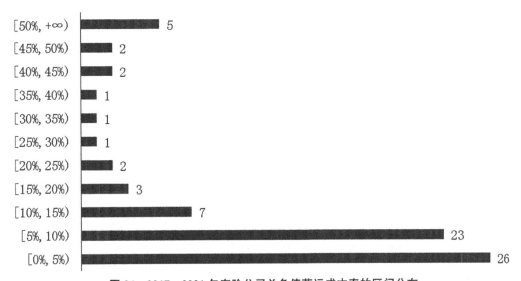

图 34 2017—2021 年寿险公司总负债营运成本率的区间分布

注:每家公司均值由样本期内可得数据计算得出,数据不全时可能是低于 5 年的均值,以下各区间分布
图类同。

表 32 2017—2021 年总负债营运成本率平均值排名前十的寿险公司列表

序号	公司简称	2017		2018		2019		2020		2021		平均值
		指标值	排名	指标值	排名	指标值	排名	指标值	排名	指标值	排名	
1	国华人寿	3.10%	7	2.20%	3	3.63%	10	0.39%	1	2.23%	3	2.31%
2	弘康人寿	1.63%	1	1.84%	2	1.94%	2	2.52%	5	3.81%	20	2.35%

(续表)

序号	公司简称	2017		2018		2019		2020		2021		平均值
		指标值	排名	指标值	排名	指标值	排名	指标值	排名	指标值	排名	
3	中邮人寿	3.04%	6	2.95%	6	2.33%	4	2.52%	4	3.12%	11	2.79%
4	民生人寿	4.02%	12	3.47%	10	3.25%	6	2.84%	10	1.51%	1	3.02%
5	新华人寿	4.65%	19	2.49%	5	2.24%	3	3.61%	20	2.87%	9	3.17%
6	建信人寿	3.45%	8	3.23%	8	3.50%	8	3.30%	14	2.93%	10	3.28%
7	中国人寿	4.11%	13	3.68%	12	3.95%	14	3.50%	19	2.65%	6	3.58%
8	工银安盛人寿	3.77%	10	4.26%	16	4.41%	18	2.90%	11	2.67%	7	3.60%
9	太平洋人寿	5.21%	21	4.81%	22	3.77%	12	2.67%	8	1.95%	2	3.68%
10	幸福人寿	3.98%	11	3.28%	9	3.34%	7	3.49%	18	5.06%	26	3.83%

注:排名越靠前,总负债营运成本率越低。

1. 指标计算公式

$$总负债营运成本率 = \frac{公司营运成本}{总负债平均余额 - 应收分保准备金平均余额} \times 100\%$$

(公式 19)

其中,营运成本=税金及附加+手续费及佣金支出+业务及管理费+分保费用-摊回分保费用

总负债平均余额=(期初总负债+期末总负债)/2

应收分保准备金平均余额=(期初应收分保准备金+期末应收分保准备金)/2

2. 指标分析

前面已经计算过总负债成本率,反映寿险公司持有总负债那么多资金的资金成本率,如《保险公司经营分析:基于财务报告》所述,这个总负债成本率其实可以分为两项:一是客户成本率(反映不考虑公司营运成本时,或假定公司营运成本为零时的承保利润所形成的资金成本率),二是公司营运成本率,这里计算的是后者。

表 31 列示了 2017—2021 年各寿险公司的总负债营运成本率及其排名,该指标反映了公司为持有总负债那么多资金而消耗的公司营运费用水平。通常,总负债营运成本率越低,说明该公司的营运效率越高,但前提假设是公司间的业务结构基本相同。如果公司间业务结构有很大不同,例如,有的以保障型业务为主,有的以储蓄型业务为主,这一指标的公司间可比性其实较差。因为保障性业务销售难度相对较大,通常会消耗较多的手续费佣金用和业务管理费,自然导致较高的总负债营运成本率,但因为保障性业务的新业务价值率或新业务剩余边际率通常远高于储蓄性业务,因此,即便其总负债营运成本率较高,但由于客户成本率很低,其总负债成本率仍然较低,仍然会给公司带来比储蓄性业务更高的盈利水平。

图 33 展示了 2017—2021 年寿险总负债营运成本率行业平均值。可以看出,过去 5 年中,行业平均的总负债营运成本率从 5.11% 逐年降低至 3.06%,下降趋势明显。可能的原因主要有如下两点:第一,近些年新成立的寿险公司较少,早年成立的寿险公司的总负债营运成本率会自然随业务增长而逐年降低;第二,由于保障性保险尤其是重疾险新单销量逐年下滑,寿险业新单保费更多地依赖储蓄性业务如增额终身寿险的新单保费带动,而保障性保险的销售费用明显高于储蓄性保险,由此导致寿险业总体的总负债营运成本率在走低,但如前所述,这对公司经营绩效并非好事。

图 34 给出了 2017—2021 年寿险公司总负债营运成本率的区间分布。其中,总负债营运成本率均值在 5% 以下的公司有 26 家,总负债营运成本率均值在 5% 到 10% 区间的有 23 家,总负债营运成本率在 35% 以上的 10 家公司均成立于 2017 和 2018 年。一般而言,对于新开业的公司,营运成本率都会居高不下,甚至超过 100%,随着业务的逐步开展,总负债营运成本率随之逐步下降。

表 32 列示了总负债营运成本率 5 年平均值最低的 10 家公司的各年指标值。需要说明的是:第一,该指标有一定的波动性,比如国华人寿的总负债营运成本率通常在 2—3%,但 2020 年该指标值仅为 0.39%,这是由于当年的摊回分保费用较高,抵减了约 85% 的当年营运成本。第二,如前所述,该指标并非越低越好,关键要看这家公司的业务结构。只有在两家公司业务结构(包括存量业务结构和流量业务结构)类同的情况下,这一指标才具有可比性,才是越低越好。正是由于这一原因,表 32 中列示的总负债营运成本率排名靠前的公司,并非寿险业内业绩最好的前十家公司。

(五)总投资收益率

表 33　2017—2021 年寿险公司总投资收益率及其排名

编号	公司简称	2017		2018		2019		2020		2021	
		指标值	排名	指标值	排名	指标值	排名	指标值	排名	指标值	排名
1	中国人寿	5.12%	36	3.28%	60	5.08%	25	5.22%	42	4.92%	41
2	平安人寿	5.71%	22	5.00%	20	5.07%	26	5.87%	23	2.97%	61
3	太平洋人寿	5.27%	32	4.33%	38	5.07%	27	5.40%	37	5.26%	31
4	新华人寿	5.04%	38	4.55%	32	4.55%	54	5.00%	48	5.52%	23
5	泰康人寿	5.83%	19	4.11%	43	5.40%	16	6.76%	13	6.45%	11
6	太平人寿	4.36%	54	3.65%	50	4.62%	47	5.71%	29	5.42%	24
7	华夏人寿	7.87%	4	7.15%	4	5.01%	28	N/A	N/A	N/A	N/A
8	中国人民人寿	5.66%	23	4.31%	39	4.93%	33	5.54%	33	5.40%	26
9	富德生命人寿	5.51%	25	4.82%	22	3.87%	63	4.22%	59	0.00%	66
10	前海人寿	N/A	N/A	N/A	N/A	N/A	N/A	N/A	N/A	2.13%	63

（续表）

编号	公司简称	2017		2018		2019		2020		2021	
		指标值	排名	指标值	排名	指标值	排名	指标值	排名	指标值	排名
11	阳光人寿	5.76%	21	5.02%	19	4.96%	31	5.19%	44	4.13%	55
12	中邮人寿	4.92%	42	4.82%	21	4.66%	44	5.36%	38	4.86%	43
13	国华人寿	7.57%	7	6.48%	7	5.88%	10	5.02%	47	4.26%	54
14	建信人寿	4.93%	41	4.76%	25	4.72%	41	4.75%	52	5.03%	39
15	友邦人寿	4.35%	55	3.85%	46	4.13%	58	5.14%	45	5.18%	34
16	天安人寿	6.15%	14	3.37%	58	0.90%	71	N/A	N/A	N/A	N/A
17	工银安盛人寿	5.35%	28	3.29%	59	4.70%	42	5.46%	35	5.22%	32
18	恒大人寿	8.87%	1	7.32%	3	5.72%	12	4.97%	49	N/A	N/A
19	百年人寿	6.16%	13	5.34%	15	4.12%	59	5.32%	39	5.05%	37
20	民生人寿	4.91%	43	3.38%	56	4.73%	40	6.26%	17	4.02%	58
21	农银人寿	5.57%	24	4.62%	31	4.58%	53	5.21%	43	4.78%	44
22	合众人寿	5.12%	35	2.40%	63	4.79%	39	5.41%	36	2.60%	62
23	君康人寿	7.66%	6	5.91%	12	9.08%	1	N/A	N/A	N/A	N/A
24	中信保诚人寿	4.73%	48	4.26%	41	4.59%	49	5.74%	28	4.53%	47
25	中意人寿	5.00%	39	3.67%	49	4.89%	34	5.86%	24	5.17%	35
26	幸福人寿	6.77%	10	−4.79%	72	4.67%	43	4.54%	54	5.72%	20
27	珠江人寿	8.51%	2	5.66%	13	5.63%	14	5.82%	25	N/A	N/A
28	信泰人寿	4.75%	47	4.46%	33	2.54%	66	4.40%	58	4.02%	57
29	招商信诺人寿	4.07%	59	4.34%	37	4.58%	51	6.17%	19	5.38%	28
30	交银人寿	5.16%	33	4.45%	34	4.94%	32	5.56%	32	5.35%	29
31	中美联泰大都会	4.35%	56	4.34%	36	4.10%	60	4.06%	60	4.03%	56
32	上海人寿	6.42%	12	7.06%	5	6.04%	7	6.86%	12	N/A	N/A
33	长城人寿	3.54%	63	0.20%	69	2.47%	68	2.66%	65	3.67%	60
34	利安人寿	6.03%	16	6.18%	9	5.17%	20	6.17%	20	4.51%	48
35	中融人寿	1.32%	65	2.67%	62	8.24%	2	2.83%	63	N/A	N/A
36	光大永明人寿	4.13%	58	3.86%	45	4.34%	57	6.17%	21	6.59%	9
37	中宏人寿	4.03%	60	4.28%	40	3.94%	61	4.50%	56	5.40%	27
38	中英人寿	6.05%	15	3.85%	47	5.38%	17	6.98%	11	5.69%	22
39	渤海人寿	5.83%	20	1.65%	66	1.10%	70	−2.75%	72	5.04%	38
40	英大泰和人寿	5.99%	17	6.31%	8	6.62%	4	5.59%	31	5.22%	33
41	华泰人寿	4.85%	46	3.96%	44	4.82%	36	4.91%	51	6.02%	17
42	弘康人寿	6.97%	9	4.12%	42	5.92%	9	4.93%	50	4.92%	40

（续表）

编号	公司简称	2017		2018		2019		2020		2021	
		指标值	排名	指标值	排名	指标值	排名	指标值	排名	指标值	排名
43	招商局仁和人寿	4.47%	53	5.03%	16	5.42%	15	5.51%	34	5.14%	36
44	中荷人寿	4.69%	49	4.69%	28	4.64%	45	5.10%	46	4.90%	42
45	中德安联人寿	4.88%	44	4.44%	35	4.58%	52	4.51%	55	4.37%	52
46	中银三星人寿	4.67%	50	4.76%	26	4.80%	38	5.64%	30	5.33%	30
47	东吴人寿	5.97%	18	3.43%	54	4.98%	30	6.20%	18	6.19%	15
48	恒安标准人寿	5.33%	29	3.38%	57	5.10%	24	6.49%	14	5.91%	18
49	财信吉祥人寿	4.94%	40	4.80%	23	5.16%	21	7.72%	6	7.10%	7
50	同方全球人寿	5.29%	31	5.02%	18	4.64%	46	4.64%	53	4.60%	46
51	北大方正人寿	5.32%	30	5.57%	14	4.62%	48	−3.55%	73	9.64%	1
52	陆家嘴国泰人寿	5.45%	27	4.68%	29	5.33%	18	8.34%	4	6.22%	14
53	横琴人寿	4.57%	52	4.77%	24	7.04%	3	9.44%	3	7.38%	4
54	中韩人寿	0.09%	67	3.57%	52	4.84%	35	9.66%	2	6.45%	12
55	复星保德信人寿	7.01%	8	6.00%	10	5.82%	11	5.27%	41	6.02%	16
56	汇丰人寿	6.67%	11	0.88%	68	5.67%	13	5.87%	22	4.37%	51
57	长生人寿	5.04%	37	3.59%	51	3.21%	64	3.62%	61	4.38%	50
58	北京人寿	N/A	N/A	8.22%	2	6.02%	8	5.75%	27	6.26%	13
59	瑞泰人寿	5.13%	34	3.81%	48	3.93%	62	1.57%	66	4.45%	49
60	国联人寿	4.85%	45	−2.21%	71	6.19%	6	7.46%	9	7.94%	2
61	中华联合人寿	5.46%	26	5.03%	17	6.25%	5	6.98%	10	5.80%	19
62	信美人寿相互保险社	3.71%	61	1.45%	67	2.51%	67	3.61%	62	4.29%	53
63	国宝人寿	N/A	N/A	6.66%	6	5.13%	22	6.31%	16	7.20%	6
64	和泰人寿	7.84%	5	5.96%	11	4.35%	56	7.93%	5	4.71%	45
65	爱心人寿	4.60%	51	4.68%	30	4.53%	55	6.43%	15	5.40%	25
66	国富人寿	N/A	N/A	3.49%	53	4.82%	37	9.91%	1	7.00%	8
67	海保人寿	N/A	N/A	10.59%	1	5.20%	19	5.77%	26	6.48%	10
68	华贵人寿	8.33%	3	0.14%	70	5.12%	23	5.32%	40	7.55%	3
69	君龙人寿	4.17%	57	4.75%	27	0.82%	72	7.50%	8	7.28%	5
70	三峡人寿	N/A	N/A	1.69%	65	5.00%	29	7.65%	7	5.71%	21
71	德华安顾人寿	3.59%	62	3.42%	55	4.58%	50	4.45%	57	3.91%	59
72	鼎诚人寿	3.23%	64	1.81%	64	2.68%	65	2.79%	64	2.11%	64
73	小康人寿	0.36%	66	2.99%	61	2.45%	69	0.13%	67	1.59%	65

注：1.指标值根据各家寿险公司历年财报整理得到,降序排名,内涵着总投资收益率越高,公司经营通常越好;

2.N/A表示数据缺失,这与公司尚未开业经营或未按期披露财报有关;

3.斜体字标示因空缺前一年度期末投资资产数据,以0计算,指标分母因此偏小,计算结果偏高。

4.信美人寿相互保险社的总投资收益率大幅低于该保险社公开发布的总投资收益率,原因是,本报告计算总投资收益率的基础是母公司报表,而信美人寿相互保险社公开发布的总投资收益率的计算基础是合并报表。年报显示,该保险社持有一个控制性的结构化主体(天弘基金发起设立的资产管理计划),我们估计,正是该结构化主体的投资收益核算方法导致了上述总投资收益率的差异。

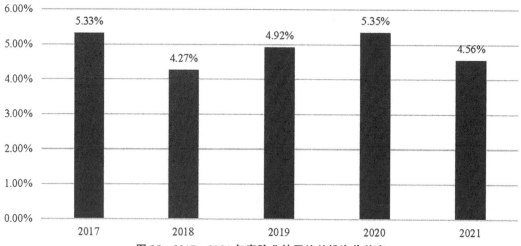

图35 2017—2021年寿险业的平均总投资收益率

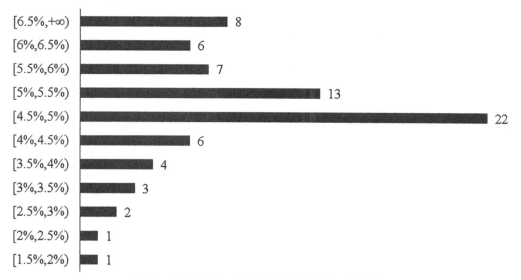

图36 寿险公司5年平均总投资收益率区间分布

表34　2017—2021年总投资收益率平均值排名前十的寿险公司列表

序号	公司简称	2017		2018		2019		2020		2021		平均值
		指标值	排名	指标值	排名	指标值	排名	指标值	排名	指标值	排名	
1	横琴人寿	4.57%	52	4.77%	24	7.04%	3	9.44%	4	7.38%	4	6.64%
2	复星保德信人寿	7.01%	8	6.00%	10	5.82%	11	5.27%	42	6.02%	16	6.16%
3	陆家嘴国泰人寿	5.45%	27	4.68%	29	5.33%	18	8.34%	5	6.22%	14	6.02%
4	英大泰和人寿	5.99%	17	6.31%	8	6.62%	4	5.59%	32	5.22%	33	6.00%
5	财信吉祥人寿	4.94%	40	4.80%	23	5.16%	21	7.72%	7	7.10%	7	5.95%
6	中华联合人寿	5.46%	26	5.03%	17	6.25%	5	6.98%	11	5.80%	19	5.94%
7	国华人寿	7.57%	7	6.48%	7	5.88%	10	5.02%	48	4.26%	54	5.90%
8	泰康人寿	5.83%	19	4.11%	43	5.40%	16	6.76%	14	6.45%	11	5.84%
9	利安人寿	6.03%	16	6.18%	9	5.17%	20	6.17%	21	4.51%	48	5.71%
10	中英人寿	6.05%	15	3.85%	47	5.38%	17	6.98%	12	5.69%	22	5.61%

1. 指标计算公式

$$总投资收益率 = \frac{总投资收益}{(期初总投资资产+期末总投资资产)/2} \times 100\%$$

（公式20）

其中，总投资收益＝投资收益＋公允价值变动损益＋汇兑损益－资产减值损失＋投资性房地产租金收入－投资性房地产折旧

总投资资产＝货币资金＋以公允价值计量且其变动计入当期损益的金融资产＋衍生金融资产＋买入返售金融资产＋存出资本保证金＋定期存款＋可供出售金融资产＋持有至到期投资＋归入贷款及应收款的投资＋长期股权投资＋投资性房地产＋拆出资金

2. 指标分析

总投资收益率是衡量保险公司投资绩效的一个主要指标，表示每100元投资资产为企业赚取的总投资收益。指标值越高，说明公司的投资效益越好。

表33列示了2017—2021年各寿险公司总投资收益率及其排名。可以看出，寿险业总体坚持稳健投资的原则，但也有个别公司在个别年度的总投资收益率为负值。

图35展示了寿险业五年总投资收益率均值。可以看出，过去5年，寿险业资产总投资收益率大致在5%左右，但也有不小的波动。寿险业资产总投资收益中包含以公允价值计量且其变动计入当期损益的金融资产的浮盈浮亏，也包括可供出售金融资产的买卖价差，而这些浮盈浮亏和资产买卖价差主要是由股票资产的价格波动和买卖导致的，因

此,总资产收益率往往随股市的波动而波动,当股市总体向好时,寿险公司的总投资收益率较高,反之则较低。

图36展示了各公司5年平均总投资收益率的分布情况。可以看出,大部分公司的总投资收益率均值在4.0%－6.0%之间,少数公司会有更好或更差的表现。

表34展示了总投资收益率5年平均值排名前十的寿险公司。这些公司或者具有技术高超的投资团队,或者采取了较为激进的投资策略,或者只是运气较好而已。与表28结合在一起可以看出,负债经营好的公司名录与资产经营好的公司名录大不相同,只有泰康人寿是个例外,同时进入了这两大名录,说明泰康人寿在保险负债经营和资产投资两方面均有较强的竞争优势。

行内人士知道,从负债端来看,泰康人寿有极为严苛的绩效考核制度,并有已形成良好市场口碑的中高端养老社区,目前已带动了约18万单、每单总保费超过200万元的与养老社区关联的新业务价值率较高的"幸福有约"类终身年金产品交易,"幸福有约＋养老社区"被泰康董事长陈东升比喻为寿险业类似"智能手机行业的苹果手机"的创新产品。从资产端来看,泰康集团的资产管理水平也是很有名的,泰康资管负责人段国圣在行内享有盛誉,泰康人寿的资产投资收益率一直维持在较高的水平,投连险业绩也非常有名。

（六）综合投资收益率

表35 2017—2021年寿险公司综合投资收益率及其排名

编号	公司简称	2017		2018		2019		2020		2021	
		指标值	排名	指标值	排名	指标值	排名	指标值	排名	指标值	排名
1	中国人寿	4.65%	35	2.69%	56	6.65%	13	6.25%	32	5.20%	34
2	平安人寿	7.71%	8	3.09%	53	7.41%	8	4.62%	55	3.27%	60
3	太平洋人寿	5.00%	26	4.50%	30	5.99%	32	6.08%	36	5.13%	36
4	新华人寿	5.12%	24	3.94%	39	5.43%	44	4.02%	60	5.82%	23
5	泰康人寿	6.04%	14	3.76%	43	6.34%	20	7.80%	12	5.92%	20
6	太平人寿	4.92%	28	2.60%	58	6.15%	25	6.20%	34	4.07%	55
7	华夏人寿	7.83%	6	5.36%	19	6.04%	28	N/A	N/A	N/A	N/A
8	中国人民人寿	5.86%	15	3.19%	52	7.49%	7	8.37%	10	6.19%	16
9	富德生命人寿	5.69%	17	5.44%	16	4.06%	62	4.05%	59	0.00%	66
10	前海人寿	N/A	N/A	N/A	N/A	N/A	N/A	N/A	N/A	1.67%	64
11	阳光人寿	7.41%	10	2.92%	54	6.10%	26	5.72%	41	3.74%	58
12	中邮人寿	4.92%	27	4.76%	26	4.98%	55	5.47%	46	4.81%	44
13	国华人寿	7.87%	5	2.65%	57	3.65%	63	4.89%	54	5.21%	32

编号	公司简称	2017		2018		2019		2020		2021	
		指标值	排名	指标值	排名	指标值	排名	指标值	排名	指标值	排名
14	建信人寿	5.14%	23	3.97%	38	5.95%	35	6.06%	37	5.00%	40
15	友邦人寿	2.75%	58	5.63%	14	5.27%	48	6.26%	31	6.19%	15
16	天安人寿	6.54%	11	1.42%	63	0.77%	71	N/A	N/A	N/A	N/A
17	工银安盛人寿	3.80%	50	4.04%	37	5.76%	41	5.46%	47	4.70%	45
18	恒大人寿	8.63%	4	7.44%	5	5.76%	42	5.13%	52	N/A	N/A
19	百年人寿	4.11%	44	0.88%	64	5.58%	43	6.92%	20	4.40%	49
20	民生人寿	2.91%	56	4.33%	31	5.18%	50	6.22%	33	4.18%	52
21	农银人寿	4.09%	45	5.36%	18	6.48%	16	5.97%	38	5.53%	30
22	合众人寿	3.98%	46	4.51%	29	5.02%	53	5.51%	45	2.37%	63
23	君康人寿	−0.82%	68	−0.08%	68	3.33%	64	N/A	N/A	N/A	N/A
24	中信保诚人寿	4.79%	31	4.28%	32	5.93%	36	7.06%	18	5.08%	37
25	中意人寿	3.02%	55	4.07%	36	6.86%	11	7.73%	13	6.23%	14
26	幸福人寿	7.81%	7	−0.11%	69	5.29%	47	4.60%	56	5.78%	24
27	珠江人寿	8.79%	3	4.89%	23	6.22%	22	5.00%	53	N/A	N/A
28	信泰人寿	4.81%	30	−1.06%	70	0.51%	72	5.34%	50	2.91%	61
29	招商信诺人寿	4.31%	40	4.27%	33	6.06%	27	7.60%	14	5.68%	26
30	交银人寿	2.76%	57	6.22%	10	5.79%	40	5.40%	49	4.85%	42
31	中美联泰大都会	0.55%	64	8.63%	2	4.30%	61	3.91%	61	5.91%	21
32	上海人寿	6.33%	12	6.44%	8	6.83%	12	7.01%	19	N/A	N/A
33	长城人寿	4.66%	34	0.11%	67	2.80%	67	2.81%	64	3.55%	59
34	利安人寿	4.37%	37	5.84%	13	7.07%	9	7.08%	17	4.51%	46
35	中融人寿	1.30%	63	1.58%	62	8.14%	6	3.61%	63	0.00%	66
36	光大永明人寿	2.45%	59	4.57%	28	6.19%	24	5.64%	43	7.21%	6
37	中宏人寿	1.63%	62	6.09%	12	5.83%	38	6.41%	27	7.01%	7
38	中英人寿	6.31%	13	3.44%	50	6.39%	18	9.14%	7	7.61%	4
39	渤海人寿	5.25%	21	0.72%	66	2.46%	69	−0.34%	72	3.79%	57
40	英大泰和人寿	4.87%	29	5.11%	21	6.50%	15	6.39%	29	5.03%	39
41	华泰人寿	4.31%	39	4.09%	35	5.90%	37	5.84%	39	5.17%	35
42	弘康人寿	8.92%	2	3.74%	44	6.27%	21	5.45%	48	4.82%	43
43	招商局仁和人寿	*5.04%*	25	3.73%	45	5.99%	33	5.52%	44	4.15%	53
44	中荷人寿	4.21%	42	4.92%	22	6.41%	17	6.17%	35	5.86%	22
45	中德安联人寿	2.01%	61	7.50%	4	4.48%	60	4.53%	57	5.65%	28

（续表）

编号	公司简称	2017 指标值	2017 排名	2018 指标值	2018 排名	2019 指标值	2019 排名	2020 指标值	2020 排名	2021 指标值	2021 排名
46	中银三星人寿	3.66%	52	5.34%	20	6.03%	30	6.41%	28	6.47%	12
47	东吴人寿	4.17%	43	2.24%	59	8.55%	5	8.93%	9	5.39%	31
48	恒安标准人寿	5.69%	16	3.44%	49	7.00%	10	6.59%	25	5.54%	29
49	财信吉祥人寿	5.58%	19	5.51%	15	6.37%	19	10.02%	4	6.37%	13
50	同方全球人寿	3.09%	54	6.73%	6	5.00%	54	5.69%	42	7.37%	5
51	北大方正人寿	5.39%	20	4.78%	25	5.09%	52	−2.09%	73	9.46%	2
52	陆家嘴国泰人寿	4.70%	33	4.75%	27	6.53%	14	8.21%	11	6.74%	9
53	横琴人寿	4.50%	36	3.77%	42	9.76%	2	9.24%	6	9.16%	3
54	中韩人寿	−0.06%	67	6.24%	9	5.30%	46	8.97%	8	5.67%	27
55	复星保德信人寿	7.57%	9	5.40%	17	5.96%	34	4.35%	58	6.71%	10
56	汇丰人寿	3.88%	48	3.94%	40	5.81%	39	5.81%	40	5.20%	33
57	长生人寿	4.33%	38	3.59%	46	3.21%	66	3.62%	62	4.38%	50
58	北京人寿	N/A	N/A	*8.45%*	3	6.04%	29	6.48%	26	6.10%	18
59	瑞泰人寿	3.71%	51	4.23%	34	4.82%	57	2.02%	66	4.48%	47
60	国联人寿	5.15%	22	−4.40%	71	9.34%	3	9.89%	5	6.69%	11
61	中华联合人寿	5.65%	18	2.75%	55	9.13%	4	7.15%	16	6.18%	17
62	信美人寿相互保险社	*3.16%*	53	6.13%	11	4.69%	59	6.84%	21	4.07%	54
63	国宝人寿	N/A	N/A	*6.66%*	7	5.13%	51	6.83%	22	5.73%	25
64	和泰人寿	*9.26%*	1	3.49%	48	6.22%	23	6.59%	24	4.48%	48
65	爱心人寿	*4.76%*	32	0.82%	65	6.00%	31	7.57%	15	5.04%	38
66	国富人寿	N/A	N/A	*3.49%*	47	4.82%	58	16.19%	1	10.01%	1
67	海保人寿	N/A	N/A	*11.28%*	1	5.39%	45	6.27%	30	5.99%	19
68	华贵人寿	4.29%	41	−8.68%	72	10.77%	1	6.79%	23	6.99%	8
69	君龙人寿	3.96%	47	4.81%	24	0.95%	70	11.14%	2	4.85%	41
70	三峡人寿	N/A	N/A	*1.70%*	61	4.88%	56	10.52%	3	4.02%	56
71	德华安顾人寿	3.80%	49	3.90%	41	5.24%	49	5.20%	51	4.36%	51
72	鼎诚人寿	2.38%	60	1.95%	60	3.25%	65	2.49%	65	2.45%	62
73	小康人寿	0.36%	65	3.38%	51	2.54%	68	1.54%	67	1.59%	65

注:1.指标值根据各家寿险公司历年财报整理得到,降序排名,内涵着综合投资收益率越高,公司经营通常越好;

2.N/A 表示数据缺失,这与公司尚未开业经营或未按期披露财报有关;

3.斜体字标示因空缺前一年度期末投资资产数据,以 0 计算,指标分母因此偏小,计算结果偏高。

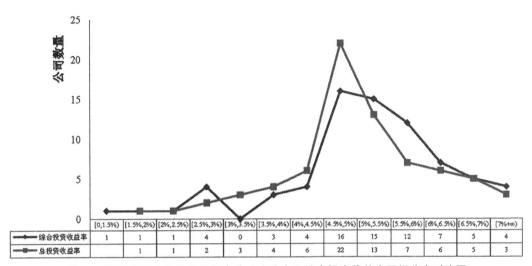

图 37　寿险公司 5 年平均总投资收益率分布和综合投资收益率区间分布对比图

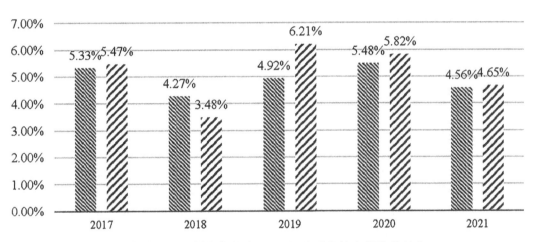

图 38　2017—2021 年寿险业平均总投资收益率和综合投资收益率

表 36　2017—2021 年综合投资收益率均值排名前十的寿险公司列表

序号	公司简称	2017		2018		2019		2020		2021		平均值
		指标值	排名	指标值	排名	指标值	排名	指标值	排名	指标值	排名	
1	横琴人寿	4.50%	36	3.77%	42	9.76%	2	9.24%	6	9.16%	3	7.29%
2	财信吉祥人寿	5.58%	19	5.51%	15	6.37%	19	10.02%	4	6.37%	13	6.77%
3	中英人寿	6.31%	13	3.44%	50	6.39%	18	9.14%	7	7.61%	4	6.58%
4	中国人民人寿	5.86%	15	3.19%	52	7.49%	7	8.37%	10	6.19%	16	6.22%

(续表)

序号	公司简称	2017		2018		2019		2020		2021		平均值
		指标值	排名	指标值	排名	指标值	排名	指标值	排名	指标值	排名	
5	陆家嘴国泰人寿	4.70%	33	4.75%	27	6.53%	14	8.21%	11	6.74%	9	6.19%
6	中华联合人寿	5.65%	18	2.75%	55	9.13%	4	7.15%	16	6.18%	17	6.17%
7	复星保德信人寿	7.57%	9	5.40%	17	5.96%	34	4.35%	58	6.71%	10	6.00%
8	泰康人寿	6.04%	14	3.76%	43	6.34%	20	7.80%	12	5.92%	20	5.97%
9	东吴人寿	4.17%	43	2.24%	59	8.55%	5	8.93%	9	5.39%	31	5.86%
10	弘康人寿	8.92%	2	3.74%	44	6.27%	21	5.45%	48	4.82%	43	5.84%

1. 指标计算公式

$$综合投资收益率 = \frac{总投资收益 + 可供出售金融资产公允价值变动}{(期初总投资资产 + 期末总投资资产)/2} \times 100\%$$

(公式 21)

其中,可供出售金融资产公允价值变动取自利润表其他综合收益项下,部分中小公司该项下没有细分,则采用其他综合收益替代,这样,可能结果有所偏差。

2. 指标分析

综合投资收益与总投资收益的区别在于前者包括了可供出售金融资产产生的浮盈浮亏,这样就将已实现、可实现和未实现的所有投资收益都计入了资产投资收益,进而可以得到更为客观或实际的投资收益率——综合投资收益率。考虑到寿险公司在年底可以通过出售或不出售可供出售资产中的浮盈资产来调节总投资收益率,因此,计算并展示寿险公司的综合投资收益率有一定的必要性。

表 35 展示了 2017—2021 年各寿险公司的综合投资收益率及其排名。可以看出,过去 5 年,平均投资资产额度达千亿元人民币以上的公司中,综合投资收益率较高且较为稳定的有中国人民人寿、泰康人寿、太平洋人寿、平安人寿、建信人寿和友邦人寿,5 年均值超过 5.2%。平均总投资资产达百亿级的公司中,综合收益率高且较为稳定的公司有财信吉祥人寿、中英人寿、东吴人寿、弘康人寿、利安人寿、恒安标准人寿、中意人寿、招商信诺、英大泰和、中银三星、同方全球人寿,5 年均值超过 5.5%。平均总投资资产百亿级以下的公司中,横琴人寿、陆家嘴国泰人寿、中华联合人寿、复星保德信人寿的 5 年均值均达 6% 以上。

图 37 给出了各寿险公司 5 年总投资收益率均值和 5 年综合投资收益率均值的区间分布,两者的分布虽略有差异,但形态基本一致。

图 38 比较了过去 5 年寿险业的总投资收益率和综合投资收益率的平均值,可以看

出,在收益较差的 2018 年,综合投资收益率整体少了约 0.8%,但 2019 年,综合投资收益率整体多了约 1.3%,虽然可供出售金融资产不完全是股票,但其公允价值变动,可体现险资在股市投资的浮动收益状况,而这部分的变动也确实与 2018 年的股市大幅下跌、2019 年的股市行情向好转变相吻合。

表 36 给出了 5 年平均综合投资收益率前十的保险公司,与总投资收益率 5 年均值排名前十的公司列表(表 34)对照来看,横琴人寿、财信吉祥人寿、陆家嘴国泰人寿、中华联合人寿、复星保德信人寿、泰康人寿的双指标都很高。

(七) 总资产收益率(ROA)

表 37　2017—2021 年寿险公司总资产收益率及其排名

编号	公司简称	2017		2018		2019		2020		2021	
		指标值	排名	指标值	排名	指标值	排名	指标值	排名	指标值	排名
1	中国人寿	1.16%	16	0.42%	30	1.70%	17	1.28%	22	1.14%	20
2	平安人寿	1.69%	7	3.03%	4	3.04%	5	3.04%	2	1.39%	9
3	太平洋人寿	1.10%	17	1.34%	13	1.71%	15	1.34%	20	1.21%	17
4	新华人寿	0.74%	22	1.09%	18	1.67%	19	1.44%	17	1.37%	11
5	泰康人寿	1.55%	9	1.98%	8	2.23%	9	2.03%	9	2.39%	2
6	太平人寿	1.55%	10	1.29%	14	2.15%	11	2.00%	11	1.22%	16
7	华夏人寿	1.02%	18	0.60%	25	0.11%	47	N/A	N/A	N/A	N/A
8	中国人民人寿	0.17%	34	0.19%	36	0.76%	28	0.97%	24	0.80%	25
9	富德生命人寿	−0.20%	43	−0.12%	46	0.46%	32	0.02%	49	N/A	N/A
10	前海人寿	N/A	N/A	N/A	N/A	N/A	N/A	N/A	N/A	−1.56%	63
11	阳光人寿	0.82%	20	1.66%	9	1.70%	18	1.44%	18	1.30%	12
12	中邮人寿	0.44%	30	0.42%	29	1.03%	25	0.55%	27	0.41%	32
13	国华人寿	2.29%	1	1.28%	15	1.18%	23	0.14%	43	0.31%	35
14	建信人寿	0.34%	32	0.38%	33	0.40%	34	0.30%	35	0.26%	37
15	友邦人寿	1.71%	6	3.25%	3	5.09%	1	3.91%	1	3.90%	1
16	天安人寿	−0.71%	47	−0.43%	47	−3.67%	64	N/A	N/A	N/A	N/A
17	工银安盛人寿	0.56%	26	0.59%	26	0.70%	29	0.65%	26	0.69%	28
18	恒大人寿	1.26%	15	1.58%	11	1.08%	24	0.50%	28	N/A	N/A
19	百年人寿	0.59%	25	0.79%	21	0.19%	41	0.48%	29	0.26%	38
20	民生人寿	0.77%	21	0.71%	22	1.43%	22	2.19%	7	1.24%	14
21	农银人寿	0.13%	36	0.17%	38	0.38%	36	0.27%	38	0.27%	36

(续表)

编号	公司简称	2017		2018		2019		2020		2021	
		指标值	排名	指标值	排名	指标值	排名	指标值	排名	指标值	排名
22	合众人寿	0.01%	41	−1.11%	50	0.99%	26	1.11%	23	−0.46%	57
23	君康人寿	0.48%	29	0.16%	40	0.15%	45	N/A	N/A	N/A	N/A
24	中信保诚人寿	1.77%	5	1.60%	10	1.96%	13	2.03%	8	1.76%	5
25	中意人寿	0.68%	24	0.96%	19	1.45%	21	1.29%	21	1.16%	19
26	幸福人寿	0.07%	39	−9.67%	67	0.12%	46	0.15%	41	0.76%	27
27	珠江人寿	0.50%	28	0.16%	39	0.54%	30	0.44%	31	0.00%	48
28	信泰人寿	−2.23%	52	0.10%	42	0.16%	42	0.15%	40	0.22%	39
29	招商信诺人寿	2.12%	3	2.55%	5	2.64%	7	2.43%	5	1.28%	13
30	交银人寿	0.90%	19	0.88%	20	0.95%	27	0.97%	25	1.02%	22
31	中美联泰大都会	2.09%	4	3.64%	2	3.59%	2	1.81%	14	1.60%	7
32	上海人寿	0.12%	37	0.14%	41	0.36%	37	0.39%	33	N/A	N/A
33	长城人寿	−1.97%	50	−4.09%	54	0.25%	40	0.13%	44	0.22%	40
34	利安人寿	−0.47%	46	0.31%	34	0.00%	52	0.12%	45	−0.55%	58
35	中融人寿	−2.92%	53	0.05%	43	0.33%	38	0.03%	48	N/A	N/A
36	光大永明人寿	−0.03%	42	0.02%	45	0.02%	51	0.14%	42	0.39%	33
37	中宏人寿	2.17%	2	2.35%	7	2.49%	8	2.35%	6	1.79%	4
38	中英人寿	1.47%	12	1.37%	12	1.49%	20	1.66%	15	1.64%	6
39	渤海人寿	0.71%	23	−2.31%	51	−3.93%	65	−6.87%	69	−0.11%	54
40	英大泰和人寿	0.52%	27	0.44%	28	0.47%	31	0.47%	30	0.59%	29
41	华泰人寿	0.08%	38	0.60%	23	1.97%	12	1.36%	19	0.80%	26
42	弘康人寿	0.27%	33	0.54%	27	0.39%	35	0.04%	47	0.05%	44
43	招商局仁和人寿	−5.19%	59	−5.71%	57	−3.08%	60	−1.01%	58	−0.36%	55
44	中荷人寿	−0.40%	45	0.39%	32	0.42%	33	0.02%	50	0.03%	46
45	中德安联人寿	1.36%	14	4.69%	1	3.04%	4	1.92%	13	1.88%	3
46	中银三星人寿	0.17%	35	0.25%	35	0.30%	39	0.25%	39	0.33%	34
47	东吴人寿	−1.68%	49	−1.01%	49	0.07%	50	0.43%	32	0.51%	31
48	恒安标准人寿	1.54%	11	1.16%	16	2.18%	10	1.99%	12	1.59%	8
49	财信吉祥人寿	−3.53%	55	−0.58%	48	0.16%	43	1.45%	16	1.00%	23
50	同方全球人寿	0.04%	40	1.09%	17	1.91%	14	2.69%	4	1.38%	10
51	北大方正人寿	0.43%	31	0.42%	31	0.08%	49	−9.02%	70	1.18%	18
52	陆家嘴国泰人寿	−0.92%	48	0.17%	37	1.71%	16	2.81%	3	1.23%	15
53	横琴人寿	−3.25%	54	−5.77%	58	−2.22%	56	0.30%	36	0.05%	45

（续表）

编号	公司简称	2017		2018		2019		2020		2021	
		指标值	排名	指标值	排名	指标值	排名	指标值	排名	指标值	排名
54	中韩人寿	−9.62%	61	−6.94%	62	−6.75%	67	0.27%	37	−3.17%	68
55	复星保德信人寿	−3.90%	57	2.41%	6	3.01%	6	−1.94%	61	−1.16%	60
56	汇丰人寿	1.65%	8	−2.63%	52	0.16%	44	0.01%	51	−1.52%	62
57	长生人寿	−2.06%	51	−3.86%	53	−2.42%	58	−0.58%	55	0.16%	42
58	北京人寿	N/A	N/A	−6.91%	61	−1.30%	54	−2.31%	63	−1.84%	65
59	瑞泰人寿	−0.37%	44	0.02%	44	0.09%	48	−1.99%	62	0.07%	43
60	国联人寿	−3.54%	56	−10.09%	69	−3.30%	62	−0.85%	56	0.02%	47
61	中华联合人寿	−5.05%	58	−5.53%	56	−1.38%	55	−1.19%	59	−0.43%	56
62	信美人寿相互保险社	*−28.4%*	68	−9.12%	65	−2.51%	59	0.07%	46	1.14%	21
63	国宝人寿	N/A	N/A	*−7.98%*	64	−1.15%	53	−2.96%	64	−0.02%	53
64	和泰人寿	*−17.1%*	66	−4.13%	55	−3.16%	61	−1.00%	57	−1.56%	64
65	爱心人寿	*−22.4%*	67	−11.14%	70	−12.73%	71	−3.86%	67	−1.31%	61
66	国富人寿	N/A	N/A	*−15.36%*	71	−2.32%	57	−1.92%	60	−2.68%	67
67	海保人寿	N/A	N/A	−6.63%	60	−4.56%	66	−3.47%	65	0.19%	41
68	华贵人寿	*−10.6%*	62	−7.24%	63	−3.52%	63	2.01%	10	0.53%	30
69	君龙人寿	1.46%	13	0.60%	24	3.36%	3	0.36%	34	0.90%	24
70	三峡人寿	*−15.4%*	64	−5.77%	59	−8.92%	68	−4.65%	68	−2.15%	66
71	德华安顾人寿	*−16.2%*	65	−17.55%	72	−16.39%	72	−9.76%	71	−5.35%	69
72	鼎诚人寿	*−13.3%*	63	−9.34%	66	−10.17%	69	−11.9%	72	−7.71%	70
73	小康人寿	−6.51%	60	−9.87%	68	−10.75%	70	−3.60%	66	−1.05%	59

注:1.指标值根据各家寿险公司历年财报整理得到,降序排名,内涵着总资产收益率越高,公司经营通常越好;

2.N/A表示数据缺失,这与公司尚未开业经营或未按期披露财报有关;

3.斜体字标示因空缺前一年度期末股东权益数据,以0计算,指标分母因此偏小,计算结果绝对值偏大。

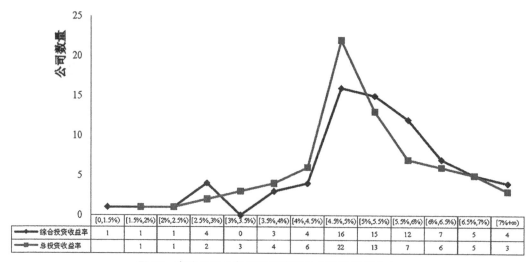

	[0,1.5%)	[1.5%,2%)	[2%,2.5%)	[2.5%,3%)	[3%,3.5%)	[3.5%,4%)	[4%,4.5%)	[4.5%,5%)	[5%,5.5%)	[5.5%,6%)	[6%,6.5%)	[6.5%,7%)	[7%,+∞)
综合投资收益率	1	1	1	4	0	3	4	16	15	12	7	5	4
总投资收益率	1	1	2	3	4	6	22	13	7	6	5	3

图 39 寿险公司 5 年平均总资产收益率的区间分布

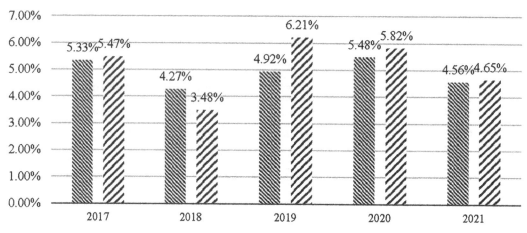

图 40 2017—2021 年寿险业的平均总资产收益率

表 38 2017—2021 年总资产收益率平均值排名前十的寿险公司列表

序号	公司简称	2017		2018		2019		2020		2021		平均值
		指标值	排名	指标值	排名	指标值	排名	指标值	排名	指标值	排名	
1	友邦人寿	1.71%	6	3.25%	3	5.09%	1	3.91%	1	3.90%	1	3.57%
2	中德安联人寿	1.36%	14	4.69%	1	3.04%	4	1.92%	13	1.88%	3	2.58%
3	中美联泰大都会人寿	2.09%	4	3.64%	2	3.59%	2	1.81%	14	1.60%	7	2.54%
4	平安人寿	1.69%	7	3.03%	4	3.04%	5	3.04%	2	1.39%	9	2.44%
5	中宏人寿	2.17%	2	2.35%	7	2.49%	8	2.35%	6	1.79%	4	2.23%

序号	公司简称	2017		2018		2019		2020		2021		平均值
		指标值	排名	指标值	排名	指标值	排名	指标值	排名	指标值	排名	
6	招商信诺人寿	2.12%	3	2.55%	5	2.64%	7	2.43%	5	1.28%	13	2.20%
7	泰康人寿	1.55%	9	1.98%	8	2.23%	9	2.03%	9	2.39%	2	2.03%
8	中信保诚人寿	1.77%	5	1.60%	10	1.96%	13	2.03%	8	1.76%	5	1.82%
9	恒安标准人寿	1.54%	11	1.16%	16	2.18%	10	1.99%	12	1.59%	8	1.69%
10	太平人寿	1.55%	10	1.29%	14	2.15%	11	2.00%	11	1.22%	16	1.64%

注:排名越靠前,总资产收益率越高。

1. 指标计算公式

$$总资产收益率 = \frac{净利润}{(期初总资产 + 期末总资产)/2} \times 100\%$$

（公式 22）

2. 指标分析

总资产收益率是衡量保险公司盈利能力的一个指标,它表示每 100 元总资产赚取的净利润额。

表 37 列示了 2017—2021 年各寿险公司的总资产收益率及其排名。可以看出,对于大多数资产规模较大、经营时间较长的公司,总资产收益率一般都维持在较好的水平,个别资产规模较大的公司由于发展战略偏差(主要是负债端保险业务的发展战略偏差),无法维持正的总资产收益率。而新成立的公司往往会经历连续几年的亏损,呈现总资产收益率为负的情况,但大多数公司的亏损会逐年减小,逐步呈现扭亏为盈的趋势,总资产收益率也会逐步升高。

图 39 展示了过去 5 年寿险公司总资产收益率均值的分布情况。可以看出,落在 0—1% 微利区间的有 20 家公司,落在 1%—2% 中利区间的有 14 家公司,有 6 家公司的总资产收益率在 2% 以上(高利区间),有 32 家公司的总资产收益率是负值。在总资产收益率为负值的公司中,排除新开业公司几乎必然会出现的亏损导致的总资产收益率为负,部分公司尚需实现痛苦的转型升级。

图 40 展示了过去 5 年寿险业的总资产收益率水平。可以看出,行业总资产收益率在 2019 年处于 5 年最高水平。看来,寿险业从 2011、2012 年的低点或困境中逐步走出来后,在 2019 年到达了行业顶点,之后,随着经济全球化受阻、新冠疫情的影响以及俄乌战争等因素导致经济走势下滑,寿险业的总资产收益率近两年呈现逐年下降趋势,这一态势 2022 年仍然在持续。

表 38 列示了过去 5 年总资产收益率均值较高的前十大公司,分别是友邦人寿、中德安联人寿、中美联泰大都会人寿、平安人寿、中宏人寿、泰康人寿、招商信诺人寿、泰康人寿、中信保诚人寿、恒安标准人寿和太平人寿。可以看出,这份名单与总负债成本率排名

前十的名单类似,仍然是几家优质的外资或合资公司以及平安人寿、泰康人寿和太平人寿位列前茅。

（八）净资产收益率（ROE）

表39 2017—2021年寿险公司净资产收益率及其排名

编号	公司简称	2017		2018		2019		2020		2021	
		指标值	排名	指标值	排名	指标值	排名	指标值	排名	指标值	排名
1	中国人寿	10.36%	18	4.01%	29	16.24%	17	11.75%	18	11.00%	17
2	平安人寿	26.29%	6	44.17%	3	41.09%	2	39.41%	2	18.10%	8
3	太平洋人寿	15.60%	14	21.26%	7	26.61%	8	20.85%	9	19.40%	6
4	新华人寿	8.52%	21	12.25%	18	18.25%	14	14.72%	15	14.11%	11
5	泰康人寿	29.65%	4	33.31%	6	33.56%	6	28.27%	3	34.40%	2
6	太平人寿	18.90%	11	17.49%	10	28.34%	7	23.82%	6	16.00%	10
7	华夏人寿	21.49%	8	13.06%	14	3.26%	42	N/A	N/A	N/A	N/A
8	中国人民人寿	1.99%	36	2.27%	37	8.57%	28	9.93%	24	8.42%	24
9	富德生命人寿	−4.86%	49	−3.21%	47	11.92%	22	0.63%	47	N/A	N/A
10	前海人寿	N/A	N/A	N/A	N/A	N/A	N/A	N/A	N/A	−31.8%	67
11	阳光人寿	6.38%	25	13.17%	13	14.22%	20	12.72%	17	12.43%	12
12	中邮人寿	3.96%	31	3.64%	30	8.24%	29	5.05%	30	5.11%	31
13	国华人寿	19.33%	10	13.26%	12	10.73%	25	1.12%	45	2.68%	38
14	建信人寿	4.35%	29	4.69%	28	5.48%	34	3.49%	35	2.84%	37
15	友邦人寿	17.10%	12	34.55%	5	52.97%	1	43.75%	1	46.53%	1
16	天安人寿	−6.90%	52	−6.77%	53	−133.3%	72	N/A	N/A	N/A	N/A
17	工银安盛人寿	6.00%	27	5.54%	26	6.72%	32	6.77%	27	8.26%	26
18	恒大人寿	10.04%	19	12.79%	16	10.99%	24	6.53%	28	N/A	N/A
19	百年人寿	5.00%	28	12.46%	17	4.62%	36	11.01%	20	6.76%	27
20	民生人寿	6.08%	26	6.39%	23	12.28%	21	17.23%	13	9.14%	21
21	农银人寿	2.34%	35	3.01%	35	5.57%	33	3.60%	34	3.69%	36
22	合众人寿	0.30%	43	−34.50%	68	26.09%	9	27.50%	4	−13.3%	64
23	君康人寿	3.02%	33	1.30%	39	2.11%	44	N/A	N/A	N/A	N/A
24	中信保诚人寿	24.22%	7	20.31%	8	23.73%	10	23.93%	5	21.55%	4
25	中意人寿	7.91%	22	11.71%	20	16.38%	16	19.55%	10	30.08%	3
26	幸福人寿	0.92%	39	−105.5%	72	1.55%	46	1.94%	39	9.45%	20

（续表）

编号	公司简称	2017		2018		2019		2020		2021	
		指标值	排名	指标值	排名	指标值	排名	指标值	排名	指标值	排名
27	珠江人寿	4.11%	30	1.46%	38	5.17%	35	4.58%	32	N/A	N/A
28	信泰人寿	−11.8%	58	0.64%	42	1.26%	47	1.79%	40	4.05%	35
29	招商信诺人寿	15.07%	15	19.61%	9	20.48%	12	18.52%	12	11.20%	16
30	交银人寿	12.61%	16	8.47%	22	7.42%	30	9.00%	26	11.38%	15
31	中美联泰大都会	26.59%	5	40.57%	4	33.69%	5	19.38%	11	18.99%	7
32	上海人寿	0.83%	40	1.06%	41	3.42%	41	4.62%	31	N/A	N/A
33	长城人寿	−16.0%	59	−26.06%	65	1.89%	45	1.12%	44	2.09%	40
34	利安人寿	−1.82%	45	1.28%	40	0.02%	53	0.77%	46	−4.59%	57
35	中融人寿	−22.7%	63	0.42%	44	3.69%	39	0.47%	49	N/A	N/A
36	光大永明人寿	−0.35%	44	0.27%	46	0.23%	52	1.77%	41	5.60%	30
37	中宏人寿	15.68%	13	17.46%	11	17.19%	15	15.72%	14	12.08%	14
38	中英人寿	9.03%	20	8.98%	21	10.01%	27	11.54%	19	12.40%	13
39	渤海人寿	1.68%	37	−6.07%	50	−11.98%	63	−26.8%	68	−0.55%	54
40	英大泰和人寿	3.63%	32	3.56%	32	4.52%	37	5.51%	29	8.35%	25
41	华泰人寿	0.72%	41	5.15%	27	16.02%	18	10.98%	21	6.56%	28
42	弘康人寿	6.45%	24	12.86%	15	11.15%	23	1.46%	42	1.89%	41
43	招商局仁和人寿	−5.68%	51	−8.79%	56	−11.70%	61	−5.90%	61	−2.83%	56
44	中荷人寿	−3.81%	47	3.55%	33	3.65%	40	0.20%	50	0.28%	46
45	中德安联人寿	59.24%	2	97.24%	1	37.89%	3	21.77%	8	19.67%	5
46	中银三星人寿	1.57%	38	2.80%	36	3.87%	38	3.27%	36	4.72%	32
47	东吴人寿	−8.99%	55	−6.21%	51	0.36%	51	2.28%	38	2.44%	39
48	恒安标准人寿	10.47%	17	6.31%	24	10.30%	26	9.77%	25	8.65%	22
49	财信吉祥人寿	−43.9%	65	−5.47%	48	1.08%	48	10.05%	23	8.48%	23
50	同方全球人寿	0.44%	42	12.15%	19	18.39%	13	23.09%	7	10.66%	19
51	北大方正人寿	2.88%	34	3.09%	34	0.50%	50	−56.1%	70	10.86%	18
52	陆家嘴国泰人寿	−3.20%	46	0.57%	43	6.73%	31	12.74%	16	6.34%	29
53	横琴人寿	−4.30%	48	−14.21%	60	−15.59%	66	3.87%	33	0.65%	44
54	中韩人寿	−53.6%	67	−31.13%	67	−27.82%	70	1.17%	43	−18.8%	65
55	复星保德信人寿	−8.83%	54	5.71%	25	14.23%	19	−13.3%	65	−9.01%	60
56	汇丰人寿	20.48%	9	−39.42%	69	2.81%	43	0.12%	51	−40.0%	68
57	长生人寿	−9.85%	56	−24.45%	64	−18.75%	67	−4.92%	57	1.55%	42
58	北京人寿	N/A	N/A	−8.19%	55	−1.92%	55	−5.89%	60	−8.53%	59

（续表）

编号	公司简称	2017		2018		2019		2020		2021	
		指标值	排名	指标值	排名	指标值	排名	指标值	排名	指标值	排名
59	瑞泰人寿	−5.62%	50	0.28%	45	0.70%	49	−15.2%	67	0.57%	45
60	国联人寿	−8.69%	53	−29.76%	66	−13.85%	64	−4.71%	55	0.18%	47
61	中华联合人寿	−10.2%	57	−12.77%	58	−4.39%	57	−6.61%	62	−4.95%	58
62	信美人寿相互保险社	*−46.1%*	66	−18.21%	63	−10.71%	60	0.58%	48	16.73%	9
63	国宝人寿	N/A	N/A	−9.68%	57	−1.80%	54	−8.44%	63	−0.11%	53
64	和泰人寿	*−19.5%*	62	−5.90%	49	−7.58%	59	−5.41%	59	−12.7%	63
65	爱心人寿	*−23.9%*	64	−13.24%	59	−26.15%	68	−27.6%	69	−21.9%	66
66	国富人寿	N/A	N/A	*−17.17%*	62	−3.41%	56	−4.99%	58	−10.0%	61
67	海保人寿	N/A	N/A	−7.89%	54	−6.93%	58	−9.07%	64	0.73%	43
68	华贵人寿	*−17.4%*	60	−15.61%	61	−11.91%	62	10.25%	22	4.68%	33
69	君龙人寿	7.61%	23	3.61%	31	22.40%	11	2.38%	37	4.06%	34
70	三峡人寿	*−18.3%*	61	−6.53%	52	−14.91%	65	−14.7%	66	−10.2%	62
71	德华安顾人寿	*−57.0%*	68	−39.99%	70	−53.13%	71	−89.1%	72	−149%	70
72	鼎诚人寿	51.30%	3	−66.55%	71	−27.23%	69	−60.2%	71	−85.8%	69
73	小康人寿	174.9%	1[注4]	59.39%	2	35.15%	4	−4.72%	56	−1.08%	55

注:1.指标值根据各家寿险公司历年财报整理得到,降序排名,内涵着净资产收益率越高,公司经营通常越好;

2.N/A表示数据缺失,这与公司尚未开业经营或未按期披露财报有关;

3.斜体字因空缺前一年度期末股东权益数据,以0计算,指标分母因此偏小,计算结果绝对值偏大。

4.小康人寿特殊情况说明,2017—2020数据来源于前中法人寿,净利润、股东权益均为负,故指标结果无实际意义。

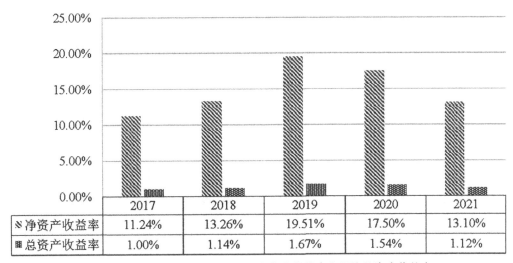

图 41　2017—2021 年寿险业平均净资产收益率和平均总资产收益率

	2017	2018	2019	2020	2021
净资产收益率	11.24%	13.26%	19.51%	17.50%	13.10%
总资产收益率	1.00%	1.14%	1.67%	1.54%	1.12%

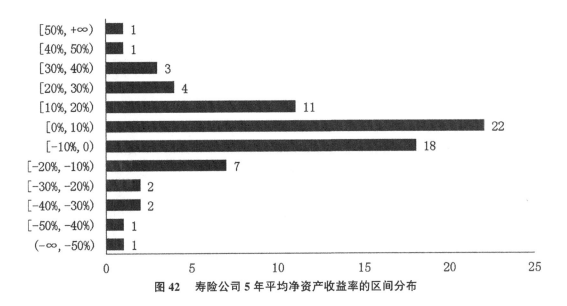

图 42　寿险公司 5 年平均净资产收益率的区间分布

表 40　2017—2021 年净资产收益率平均值排名前十的寿险公司列表

序号	公司简称	2017		2018		2019		2020		2021		平均值
		指标值	排名	指标值	排名	指标值	排名	指标值	排名	指标值	排名	
1	中德安联人寿	59.24%	2	97.24%	1	37.89%	3	21.77%	8	19.67%	5	47.2%
2	友邦人寿	17.10%	12	34.55%	5	52.97%	1	43.75%	1	46.53%	1	39.0%
3	平安人寿	26.29%	6	44.17%	3	41.09%	2	39.41%	2	18.10%	8	33.8%
4	泰康人寿	29.65%	4	33.31%	6	33.56%	6	28.27%	3	34.40%	2	31.8%

（续表）

序号	公司简称	2017		2018		2019		2020		2021		平均值
		指标值	排名	指标值	排名	指标值	排名	指标值	排名	指标值	排名	
5	中美联泰大都会人寿	26.59%	5	40.57%	4	33.69%	5	19.38%	11	18.99%	7	27.8%
6	中信保诚人寿	24.22%	7	20.31%	8	23.73%	10	23.93%	5	21.55%	4	22.7%
7	太平人寿	18.90%	11	17.49%	10	28.34%	7	23.82%	6	16.00%	10	20.9%
8	太平洋人寿	15.60%	14	21.26%	7	26.61%	8	20.85%	9	19.40%	6	20.7%
9	中意人寿	7.91%	22	11.71%	20	16.38%	16	19.55%	10	30.08%	3	17.1%
10	招商信诺人寿	15.07%	15	19.61%	9	20.48%	12	18.52%	12	11.20%	16	17.0%

注：排名越靠前，净资产收益率越高。

1. 指标计算公式

$$净资产收益率 = \frac{净利润}{(期初净资产 + 期末净资产)/2} \times 100\%$$

（公式23）

2. 指标分析

净资产收益率是最常用的盈利指标，反映股东投入公司的每100元净资产所获的净利润水平。通常，该指标值越高，说明该公司盈利水平越高。但是，如果某公司净资产过低或偿付能力水平过低，也会导致该公司的净资产收益率较高。

表39列出了2017—2021年各寿险公司的净资产收益率及其排名。可以看出，该指标排序相对稳定，大中型寿险公司的指标值较高，而处在起步阶段的小型寿险公司普遍较低，甚至连续几年为负，这与寿险业的经营规律基本相符。

图41展示了2017—2021年寿险业平均净资产收益率情况以及与平均总资产收益率的对比情况。可以看出，与行业总资产收益率的变化趋势一致，其变化趋势的内在原因也一致，寿险业净资产收益率在2019年达到高峰，然后开始下滑。

图42展示了寿险公司过去5年的平均净资产收益率分布，5年平均净资产收益率在10%以上的优质公司总数有20家，处于0～10%之间的公司总数为22家，其他31家均为负值。如前所述，在净资产收益率为负值的公司中，排除新开业公司几乎必然会出现的亏损或净资产收益率为负，部分公司尚需实现痛苦的转型升级。

表40列示了过去5年平均净资产收益率位列前十的寿险公司。毫不意外，这份名单与总负债成本率前十名单、总资产收益率前十名单有很多重合。例如，友邦人寿、中德安联人寿、中美联泰大都会人寿、平安人寿、招商信诺人寿、泰康人寿、中信保诚人寿、太平人寿的净资产收益率、总资产收益率和总负债成本率三个指标均进入前十。

（九）利差

表 41 2017—2021 年寿险公司利差值及其排名

编号	公司简称	2017		2018		2019		2020		2021	
		指标值	排名	指标值	排名	指标值	排名	指标值	排名	指标值	排名
1	中国人寿	1.27%	18	0.30%	30	1.55%	18	1.07%	22	0.81%	22
2	平安人寿	2.39%	10	4.66%	3	3.72%	5	4.05%	2	1.41%	10
3	太平洋人寿	1.43%	16	1.96%	13	1.56%	16	1.38%	18	1.14%	13
4	新华人寿	0.79%	22	1.30%	17	1.37%	23	1.30%	19	1.06%	14
5	泰康人寿	2.58%	8	3.02%	7	2.66%	9	2.72%	4	3.14%	2
6	太平人寿	2.31%	12	2.02%	12	2.28%	12	2.25%	10	0.99%	17
7	华夏人寿	0.18%	33	1.28%	18	1.50%	20	N/A	N/A	N/A	N/A
8	中国人民人寿	−0.03%	36	−0.03%	40	0.15%	41	0.31%	33	0.65%	24
9	富德生命人寿	0.04%	35	0.15%	36	0.66%	30	0.21%	36	N/A	N/A
10	前海人寿	N/A	N/A	N/A	N/A	N/A	N/A	N/A	N/A	−1.43%	53
11	阳光人寿	0.50%	27	1.44%	15	1.51%	19	1.25%	21	1.00%	16
12	中邮人寿	0.08%	34	0.01%	39	0.52%	33	0.04%	41	0.11%	36
13	国华人寿	2.82%	5	1.92%	14	1.74%	14	0.11%	40	0.04%	37
14	建信人寿	0.25%	32	0.30%	31	0.16%	40	0.18%	39	0.25%	35
15	友邦人寿	2.23%	13	4.57%	4	6.11%	1	4.80%	1	4.87%	1
16	天安人寿	−0.93%	44	−0.59%	45	−3.86%	54	N/A	N/A	N/A	N/A
17	工银安盛人寿	0.33%	31	0.67%	25	0.17%	39	0.34%	32	0.43%	32
18	恒大人寿	0.34%	30	0.93%	23	0.95%	28	0.68%	27	N/A	N/A
19	百年人寿	−0.42%	41	0.22%	33	0.12%	42	0.40%	30	0.52%	29
20	民生人寿	0.76%	24	0.34%	29	1.49%	21	2.46%	8	0.86%	21
21	农银人寿	0.50%	26	0.14%	37	−0.08%	45	−0.10%	46	0.02%	39
22	合众人寿	0.76%	23	−1.08%	47	1.08%	26	1.55%	15	−0.54%	45
23	君康人寿	−0.41%	40	−0.47%	44	−0.13%	46	N/A	N/A	N/A	N/A
24	中信保诚人寿	3.25%	3	2.80%	8	3.00%	7	3.74%	3	2.82%	3
25	中意人寿	0.92%	20	1.03%	21	1.56%	17	1.42%	17	1.25%	12
26	幸福人寿	−0.38%	39	−10.38%	57	−0.41%	48	−0.11%	47	0.49%	31
27	珠江人寿	0.38%	28	0.13%	38	0.44%	34	−0.07%	45	N/A	N/A
28	信泰人寿	−4.02%	53	−0.39%	43	0.06%	44	0.18%	37	0.42%	33
29	招商信诺人寿	2.51%	9	3.32%	5	3.12%	6	2.68%	5	0.91%	19

（续表）

编号	公司简称	2017		2018		2019		2020		2021	
		指标值	排名	指标值	排名	指标值	排名	指标值	排名	指标值	排名
30	交银人寿	0.70%	25	1.02%	22	0.64%	31	0.70%	26	0.88%	20
31	中美联泰大都会	2.59%	7	4.82%	2	3.74%	4	1.89%	12	1.71%	6
32	上海人寿	−0.37%	38	−0.14%	42	0.07%	43	0.39%	31	N/A	N/A
33	长城人寿	−2.74%	48	−4.88%	53	−0.15%	47	−0.21%	48	−0.08%	42
34	利安人寿	−2.33%	46	−1.13%	48	−1.28%	52	−0.67%	51	−1.31%	52
35	中融人寿	−6.10%	54	−4.31%	51	0.41%	35	0.28%	34	N/A	N/A
36	光大永明人寿	1.82%	14	1.26%	20	0.82%	29	0.48%	29	0.53%	28
37	中宏人寿	3.00%	4	2.73%	9	2.50%	11	2.49%	7	1.63%	9
38	中英人寿	2.37%	11	2.50%	11	1.42%	22	1.80%	14	1.64%	8
39	渤海人寿	−3.20%	50	−4.88%	52	−6.66%	61	−8.69%	65	−0.69%	47
40	英大泰和人寿	0.85%	21	1.27%	19	1.71%	15	0.77%	25	0.49%	30
41	华泰人寿	−0.18%	37	0.76%	24	1.16%	25	1.07%	23	0.57%	27
42	弘康人寿	4.75%	1	2.54%	10	2.86%	8	2.00%	11	2.11%	5
43	招商局仁和人寿	−107%	66	−25.11%	64	−5.88%	59	−2.16%	57	−1.02%	50
44	中荷人寿	−0.54%	43	0.64%	26	0.55%	32	−0.39%	49	−0.26%	44
45	中德安联人寿	2.79%	6	7.13%	1	4.27%	2	2.51%	6	2.41%	4
46	中银三星人寿	−0.45%	42	−0.07%	41	0.24%	38	0.24%	35	0.03%	38
47	东吴人寿	−3.15%	49	−1.75%	49	−0.83%	51	−0.65%	50	−0.74%	48
48	恒安标准人寿	1.12%	19	1.36%	16	1.22%	24	1.30%	20	0.80%	23
49	财信吉祥人寿	−3.98%	52	−0.98%	46	−0.51%	49	0.67%	28	0.39%	34
50	同方全球人寿	1.47%	15	3.03%	6	1.93%	13	1.42%	16	0.97%	18
51	北大方正人寿	−1.89%	45	0.26%	32	−0.60%	50	−10.4%	69	1.31%	11
52	陆家嘴国泰人寿	−2.58%	47	0.49%	27	0.35%	37	2.36%	9	0.01%	40
53	横琴人寿	−26.9%	62	−12.67%	59	−4.02%	55	1.84%	13	1.67%	7
54	中韩人寿	−14.3%	59	−9.28%	56	−9.63%	64	−1.20%	54	−4.35%	61
55	复星保德信人寿	−11.6%	58	0.19%	35	2.54%	10	−2.91%	59	−1.93%	56
56	汇丰人寿	3.37%	2	−2.95%	50	1.03%	27	1.07%	24	−0.88%	49
57	长生人寿	−3.79%	51	−5.12%	54	−3.06%	53	−0.91%	53	−0.01%	41
58	北京人寿	N/A	N/A	−83.78%	69	−14.83%	66	−6.46%	62	−3.39%	59
59	瑞泰人寿	0.35%	29	0.41%	28	0.36%	36	−2.14%	56	0.60%	25
60	国联人寿	−8.71%	56	−14.59%	62	−5.32%	57	−1.93%	55	−0.63%	46
61	中华联合人寿	−14.6%	60	−13.18%	60	−5.05%	56	−2.59%	58	−1.20%	51

（续表）

编号	公司简称	2017		2018		2019		2020		2021	
		指标值	排名	指标值	排名	指标值	排名	指标值	排名	指标值	排名
62	信美人寿相互保险社	−79.5%	64	−22.59%	63	−5.50%	58	−0.77%	52	1.05%	15
63	国宝人寿	N/A	N/A	−76.02%	68	−11.79%	65	−8.10%	64	−1.51%	54
64	和泰人寿	−189.6%	67	−26.59%	65	−8.67%	63	−3.06%	60	−2.37%	58
65	爱心人寿	−431%	68	−94.88%	70	−28.86%	72	−7.26%	63	−2.22%	57
66	国富人寿	N/A	N/A	−175.1%	72	−17.08%	67	−8.76%	66	−6.22%	63
67	海保人寿	N/A	N/A	−96.55%	71	−22.83%	69	−8.77%	67	−1.78%	55
68	华贵人寿	−38.7%	63	−13.74%	61	−6.74%	62	−3.36%	61	0.59%	26
69	君龙人寿	1.30%	17	0.21%	34	4.22%	3	0.18%	38	−0.20%	43
70	三峡人寿	−98.6%	65	−61.84%	67	−28.58%	71	−9.51%	68	−3.92%	60
71	德华安顾人寿	−23.5%	61	−34.05%	66	−25.22%	70	−10.6%	70	−4.86%	62
72	鼎诚人寿	−9.61%	57	−11.07%	58	−17.64%	68	−15.4%	71	−8.70%	64
73	小康人寿	−6.16%	55	−5.78%	55	−6.02%	60	−15.6%	72	−75.7%	65

注：1. 指标值根据各家寿险公司历年财报整理得到，降序排名，内涵着利差越大，公司经营通常越好；

2. N/A表示数据缺失，这与公司尚未开业经营或未按期披露财报有关；

3. 该指标为复合指标，为总投资收益率和总负债成本率之差，而这两个指标经营首年绝对值偏大，致本指标首年绝对值偏大。

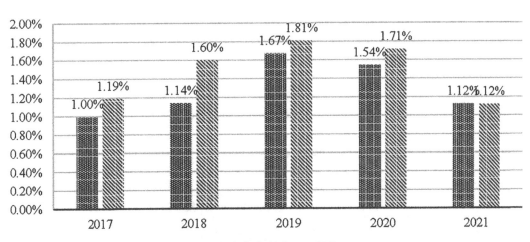

图43　2017—2021年寿险业的平均总资产收益率和平均利差

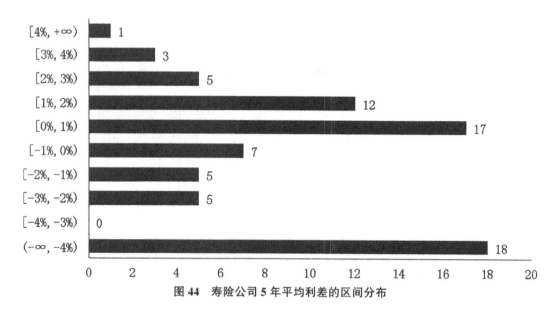

图 44　寿险公司 5 年平均利差的区间分布

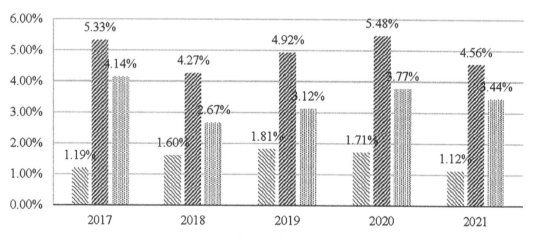

☒利差　　☒总投资收益率　　☒总负债成本率

图 45　三个关联指标结构对比图

表 42　2017—2021 年利差平均值排名前十的寿险公司

序号	公司简称	2017		2018		2019		2020		2021		平均值
		指标值	排名	指标值	排名	指标值	排名	指标值	排名	指标值	排名	
1	友邦人寿	2.23%	13	4.57%	4	6.11%	1	4.80%	1	4.87%	1	4.52%
2	中德安联人寿	2.79%	6	7.13%	1	4.27%	2	2.51%	6	2.41%	4	3.82%
3	平安人寿	2.39%	10	4.66%	3	3.72%	5	4.05%	2	1.41%	10	3.25%
4	中信保诚人寿	3.25%	3	2.80%	8	3.00%	7	3.74%	3	2.82%	3	3.12%

（续表）

序号	公司简称	2017		2018		2019		2020		2021		平均值
		指标值	排名	指标值	排名	指标值	排名	指标值	排名	指标值	排名	
5	中美联泰大都会	2.59%	7	4.82%	2	3.74%	4	1.89%	12	1.71%	6	2.95%
6	弘康人寿	4.75%	1	2.54%	10	2.86%	8	2.00%	11	2.11%	5	2.85%
7	泰康人寿	2.58%	8	3.02%	7	2.66%	9	2.72%	4	3.14%	2	2.83%
8	招商信诺人寿	2.51%	9	3.32%	5	3.12%	6	2.68%	5	0.91%	19	2.51%
9	中宏人寿	3.00%	4	2.73%	9	2.50%	11	2.49%	7	1.63%	9	2.47%
10	太平人寿	2.31%	12	2.02%	12	2.28%	12	2.25%	10	0.99%	17	1.97%

注：排名越靠前,利差(资产负债利差)越大。

1. 指标计算公式

$$利差＝总投资收益率－总负债成本率$$

（公式24）

2. 指标分析

利差反映资产投资收益率与负债成本率之差,相对净资产收益率和总资产收益率而言,可以更好地反映公司的利润来源,即寿险公司利润来源于资产投资收益与负债资金成本之差,利差越大,公司利润水平自然越高。此外,利差其实与资产收益率的本质有些类似,资产收益率本质上也是利差,可视为资产投资收益率与"负债资金和股权权益资金的平均成本率"之差。

表41列示了2017—2021年各寿险公司的利差值及其排名。可以看出,资产规模较大、经营时间较长的大型寿险公司一般该指标为正且比较稳定,每年排名均在前30以内,而成立不久的新公司短期内很难获得正的利差,随着业务的逐步拓展,在有效控制成本的情况下,利差逐步缩小。

图43展示了2017—2021年寿险业的平均总资产收益率和平均利差情况,两者均在2019年达到峰值,然后开始下滑。如上所述,由于两者类似但又不完全相同,因此,总资产收益率和利差值差异不大。

图44展示了寿险公司5年平均利差的分布情况。可以看出,能够获得超过4%平均利差的公司只有1家,多数盈利公司的平均利差在0%－2%之间,而平均利差小于－4%的公司数量有18家,主要是新成立不久的新公司。

图45将寿险业过去5年的平均总投资收益率、平均总负债成本率和平均利差三个指标放到一起,供读者参考。

表42列示了2017—2021年利差平均值排名前十的寿险公司。可以看出,友邦人寿在这个指标上遥遥领先,2019年甚至高达6.11%,实际上,当年友邦的总投资收益率只有

4.13%，总负债成本率却为－1.97%，可见其保险业务质量有多么优越。

与前述一致，总负债成本率排名前十、总资产收益率排名前十、净资产收益率排名前十、利差排名前十的公司往往是类似的。而且可以看出，那些经营绩效好的公司，一定是那些总负债成本率比较低的公司。这其实说明，想要经营一家成功的寿险公司，最重要的是把负债端的保险业务质量做好，进而维持较低的负债成本率，而不是将经营重心放在资产端，寄希望于单独通过高资产收益率维持寿险公司长期高盈利的想法或战略是不切实际的，尤其是，持有这种想法或战略的公司很难穿越经济低迷等因素导致的行业低谷期。

（十）核心偿付能力充足率

表43　2017—2021年寿险公司核心偿付能力充足率值及其排名

编号	公司简称	2017		2018		2019		2020		2021	
		指标值	排名	指标值	排名	指标值	排名	指标值	排名	指标值	排名
1	中国人寿	278%	18	251%	27	267%	17	260%	10	254%	9
2	平安人寿	226%	31	212%	37	228%	24	237%	16	226%	15
3	太平洋人寿	245%	25	261%	25	257%	20	242%	15	218%	18
4	新华人寿	276%	19	270%	21	284%	12	268%	7	243%	10
5	泰康人寿	240%	26	237%	31	257%	21	259%	11	259%	8
6	太平人寿	239%	27	219%	35	224%	26	210%	20	196%	22
7	华夏人寿	99%	62	99%	67	117%	67	N/A	N/A	N/A	N/A
8	中国人民人寿	192%	37	201%	39	211%	28	233%	17	221%	17
9	富德生命人寿	87%	64	96%	68	106%	70	102%	67	87%	66
10	前海人寿	73%	65	70%	72	72%	72	95%	68	79%	67
11	阳光人寿	182%	39	194%	41	193%	38	188%	31	175%	26
12	中邮人寿	142%	50	152%	57	162%	51	111%	66	101%	64
13	国华人寿	107%	59	118%	63	131%	61	161%	45	131%	48
14	建信人寿	129%	53	127%	60	112%	68	150%	52	138%	44
15	友邦人寿	438%	10	449%	10	442%	5	415%	2	438%	2
16	天安人寿	100%	61	103%	66	121%	66	N/A	N/A	N/A	N/A
17	工银安盛人寿	237%	29	230%	34	187%	40	173%	40	159%	35
18	恒大人寿	153%	48	129%	59	134%	60	139%	56	0%	69
19	百年人寿	118%	57	88%	71	109%	69	129%	62	128%	51
20	民生人寿	303%	14	290%	16	275%	14	292%	5	294%	5

（续表）

编号	公司简称	2017		2018		2019		2020		2021	
		指标值	排名	指标值	排名	指标值	排名	指标值	排名	指标值	排名
21	农银人寿	122%	55	110%	65	129%	63	138%	57	132%	47
22	合众人寿	111%	58	152%	58	144%	57	133%	59	117%	58
23	君康人寿	166%	46	124%	62	140%	58	N/A	N/A	N/A	N/A
24	中信保诚人寿	282%	17	266%	22	249%	23	249%	13	235%	13
25	中意人寿	198%	35	169%	48	177%	44	198%	26	208%	21
26	幸福人寿	101%	60	93%	69	127%	64	115%	65	102%	63
27	珠江人寿	88%	63	89%	70	76%	71	74%	70	52%	68
28	信泰人寿	135%	51	156%	55	154%	55	163%	43	142%	42
29	招商信诺人寿	251%	22	258%	26	267%	16	265%	8	224%	16
30	交银人寿	171%	43	288%	19	267%	18	209%	22	154%	40
31	中美联泰大都会	305%	13	336%	14	309%	9	357%	3	374%	3
32	上海人寿	131%	52	114%	64	127%	65	123%	63	120%	57
33	长城人寿	208%	33	168%	50	160%	53	153%	51	125%	53
34	利安人寿	263%	20	237%	32	159%	54	133%	60	151%	41
35	中融人寿	178%	40	154%	56	135%	59	148%	53	N/A	N/A
36	光大永明人寿	249%	23	247%	28	200%	35	178%	37	154%	39
37	中宏人寿	255%	21	265%	24	255%	22	270%	6	259%	7
38	中英人寿	194%	36	193%	42	207%	29	213%	19	236%	12
39	渤海人寿	516%	9	288%	18	305%	10	186%	33	138%	45
40	英大泰和人寿	238%	28	211%	38	178%	43	130%	61	110%	61
41	华泰人寿	156%	47	162%	53	162%	50	158%	49	157%	37
42	弘康人寿	124%	54	127%	61	131%	62	163%	42	156%	38
43	招商局仁和人寿	1846%	2	453%	9	206%	32	174%	39	114%	60
44	中荷人寿	149%	49	169%	49	199%	36	195%	29	170%	29
45	中德安联人寿	170%	44	179%	44	171%	48	188%	31	187%	24
46	中银三星人寿	168%	45	157%	54	151%	56	137%	58	125%	54
47	东吴人寿	173%	42	187%	43	203%	33	205%	23	243%	11
48	恒安标准人寿	237%	29	289%	17	291%	11	300%	4	235%	14
49	财信吉祥人寿	72%	66	176%	45	172%	47	142%	55	100%	65
50	同方全球人寿	178%	41	167%	51	192%	39	210%	20	211%	19
51	北大方正人寿	199%	34	173%	47	187%	41	164%	41	124%	55
52	陆家嘴国泰人寿	292%	16	232%	33	216%	27	197%	28	173%	28

（续表）

编号	公司简称	2017		2018		2019		2020		2021	
		指标值	排名	指标值	排名	指标值	排名	指标值	排名	指标值	排名
53	横琴人寿	937%	4	333%	15	170%	49	93%	69	134%	46
54	中韩人寿	247%	24	173%	46	263%	19	197%	27	121%	56
55	复星保德信人寿	682%	8	386%	13	194%	37	205%	24	167%	32
56	汇丰人寿	293%	15	242%	30	226%	25	254%	12	210%	20
57	长生人寿	208%	32	164%	52	177%	44	146%	54	138%	43
58	北京人寿	N/A	N/A	1812%	5	695%	2	262%	9	125%	52
59	瑞泰人寿	122%	56	216%	36	206%	31	159%	46	129%	50
60	国联人寿	358%	11	242%	29	201%	34	158%	48	167%	33
61	中华联合人寿	850%	5	279%	20	161%	52	116%	64	116%	59
62	信美人寿相互保险社	1521%	3	443%	11	181%	42	158%	47	175%	27
63	国宝人寿	N/A	N/A	1829%	4	551%	3	244%	14	168%	30
64	和泰人寿	757%	6	526%	8	283%	13	233%	18	158%	36
65	爱心人寿	2840%	1	1198%	6	338%	8	162%	44	106%	62
66	国富人寿	N/A	N/A	1981%	3	743%	1	194%	30	309%	4
67	海保人寿	N/A	N/A	3168%	1	355%	7	204%	25	178%	25
68	华贵人寿	690%	7	265%	23	267%	15	182%	35	162%	34
69	君龙人寿	191%	38	197%	40	177%	46	178%	36	290%	6
70	三峡人寿	N/A	N/A	2881%	2	501%	4	175%	38	130%	49
71	德华安顾人寿	317%	12	401%	12	207%	30	157%	50	167%	31
72	鼎诚人寿	−446%	72	607%	7	440%	6	183%	34	191%	23
73	小康人寿	−4036%	73	−7738%	73	−16131%	73	46821%	1	2107%	1

注:1. 指标值根据各家寿险公司各年第四季度偿付能力报告整理得到,降序排名,内涵着核心偿付能力充足率越高,公司经营风险通常越小;

2. N/A 表示数据缺失,这与公司尚未开业经营或未按期披露财报有关;

3. 小康人寿,原中法人寿,2020 年 12 月增资换股,并于 2021 年正式更名为小康人寿,故该指标在 2020 年和 2021 年畸高。

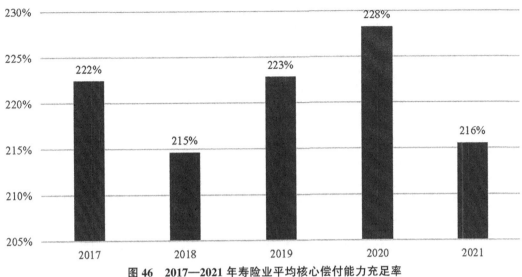

图46 2017—2021年寿险业平均核心偿付能力充足率

表44 2017—2021年核心偿付能力充足率平均值排名前十的寿险公司列表

序号	公司简称	2017		2018		2019		2020		2021		平均值
		指标值	排名	指标值	排名	指标值	排名	指标值	排名	指标值	排名	
1	友邦人寿	438%	10	449%	10	442%	5	415%	2	438%	2	436%
2	中美联泰大都会	305%	13	336%	14	309%	9	357%	3	374%	3	336%
3	民生人寿	303%	14	290%	16	275%	14	292%	5	294%	5	291%
4	恒安标准人寿	237%	29	289%	17	291%	11	300%	4	235%	14	270%
5	新华人寿	276%	19	270%	21	284%	12	268%	7	243%	10	268%
6	中国人寿	278%	18	251%	27	267%	17	260%	10	254%	9	262%
7	中宏人寿	255%	21	265%	24	255%	22	270%	6	259%	7	261%
8	中信保诚人寿	282%	17	266%	22	249%	23	249%	13	235%	13	256%
9	招商信诺人寿	251%	22	258%	26	267%	16	265%	8	224%	16	253%
10	泰康人寿	240%	26	237%	31	257%	21	259%	11	259%	8	250%

注:因开业前几年数据畸高,该表格排名中剔除了该类公司。

1. 指标计算公式

$$核心偿付能力充足率 = \frac{核心资本}{最低资本} \times 100\%$$

（公式25）

2. 指标分析

核心偿付能力充足率，即核心资本与最低资本的比值，衡量保险公司高质量资本的充足状况。所谓最低资本，是指按照偿二代要求计算的由该公司资产负债风险所决定的最低资本要求额。所谓核心资本，是指在持续经营状态下和破产清算状态下均可以吸收损失的资本，其特征是永续性强，受偿顺序很靠后，吸收损失能力强。核心资本包括核心一级资本和核心二级资本，核心一级资本主要指没有到期日、没有还本付息义务的资本，核心二级资本主要指没有到期日或期限在10年以上、5年后方可赎回的资本补充债。由此，核心资本主要指公司净资产、保单剩余边际和期限超过10年的资本补充债。

表43列示了2017—2021年各寿险公司的核心偿付能力充足率值及其排名。可以看出，不同发展阶段的公司的核心偿付能力充足率往往呈现不同特征，2017和2018年新成立的公司因为处在公司初创阶段，业务少导致最低资本要求额很低，因此前几年的指标值超高，随着业务的开展，最低资本要求逐年上升，核心偿付能力充足率逐年降低且趋稳。而经营期间较长的公司核心偿付能力充足率波动较小，相对稳定。

图46展示了过去5年寿险业核心偿付能力充足率均值。可以看出，过去5年，寿险业核心偿付能力充足率保持在较高位运行，处于215%—228%之间，表明寿险业总体风险可控。

表44列示了过去5年核心偿付能力充足率均值排名前十的公司。可以看出，友邦人寿和中美联泰大都会人寿的指标值一直维持在非常高水平，相较而言，民生人寿、恒安标准人寿、新华人寿、中国人寿、中宏人寿、中信保诚人寿、招商信诺人寿、泰康人寿的指标值也稳定在较高水平，表明这些公司的安全性较高。进一步地，这些核心偿付能力充足率排名靠前的公司，大部分也是那些盈利状况较好的公司，原因是，公司盈利状况越好，其保单内含的剩余边际越高，其年度净利润越高，而保单剩余边际和未分配利润都会内源性地为公司不断补充核心资本。

（十一）综合偿付能力充足率

表45　2017—2021年寿险公司综合偿付能力充足率值及其排名

编号	公司简称	2017		2018		2019		2020		2021	
		指标值	排名	指标值	排名	指标值	排名	指标值	排名	指标值	排名
1	中国人寿	278%	19	251%	27	277%	15	269%	8	262%	8
2	平安人寿	234%	31	219%	38	232%	26	242%	18	230%	16
3	太平洋人寿	245%	26	261%	25	257%	21	242%	17	218%	20
4	新华人寿	282%	18	275%	21	284%	13	278%	6	252%	12
5	泰康人寿	240%	27	238%	33	257%	20	260%	12	260%	10
6	太平人寿	246%	25	224%	36	227%	28	213%	23	208%	22

（续表）

编号	公司简称	2017		2018		2019		2020		2021	
		指标值	排名	指标值	排名	指标值	排名	指标值	排名	指标值	排名
7	华夏人寿	129%	58	123%	68	133%	67	N/A	N/A	N/A	N/A
8	中国人民人寿	219%	32	244%	30	244%	24	261%	11	249%	13
9	富德生命人寿	118%	63	122%	69	126%	71	120%	70	103%	68
10	前海人寿	143%	53	141%	62	144%	60	133%	67	130%	61
11	阳光人寿	210%	34	219%	37	214%	32	206%	26	189%	26
12	中邮人寿	166%	49	167%	54	162%	56	167%	49	156%	53
13	国华人寿	115%	64	128%	64	139%	62	186%	39	166%	44
14	建信人寿	168%	46	163%	57	137%	63	172%	46	172%	35
15	友邦人寿	438%	10	449%	10	442%	5	415%	2	438%	2
16	天安人寿	127%	59	122%	70	136%	64	N/A	N/A	N/A	N/A
17	工银安盛寿	237%	29	230%	35	187%	41	173%	45	159%	47
18	恒大人寿	157%	51	129%	63	136%	65	139%	66	0%	69
19	百年人寿	129%	57	101%	72	128%	69	142%	65	138%	59
20	民生人寿	356%	12	334%	15	295%	11	309%	4	310%	4
21	农银人寿	122%	61	164%	55	172%	51	196%	34	179%	29
22	合众人寿	164%	50	198%	41	175%	50	159%	56	153%	55
23	君康人寿	166%	48	124%	66	140%	61	N/A	N/A	N/A	N/A
24	中信保诚人寿	290%	17	273%	22	249%	23	249%	15	261%	9
25	中意人寿	198%	38	169%	53	177%	46	198%	31	208%	22
26	幸福人寿	140%	54	185%	46	231%	27	224%	21	170%	38
27	珠江人寿	102%	65	104%	71	122%	72	125%	69	104%	67
28	信泰人寿	135%	56	156%	60	154%	58	163%	53	142%	57
29	招商信诺人寿	251%	22	258%	26	267%	17	265%	9	224%	19
30	交银人寿	171%	44	288%	19	267%	18	209%	25	229%	17
31	中美联泰大都会	324%	13	339%	14	309%	9	357%	3	374%	3
32	上海人寿	138%	55	123%	67	127%	70	129%	68	125%	64
33	长城人寿	213%	33	174%	50	163%	54	170%	47	153%	56
34	利安人寿	269%	20	250%	28	176%	49	154%	62	172%	35
35	中融人寿	178%	41	154%	61	135%	66	148%	63	N/A	N/A
36	光大永明人寿	249%	23	247%	29	200%	39	241%	19	200%	24
37	中宏人寿	255%	21	265%	24	255%	22	270%	7	259%	11
38	中英人寿	194%	39	193%	43	232%	25	252%	14	277%	7

（续表）

编号	公司简称	2017		2018		2019		2020		2021	
		指标值	排名	指标值	排名	指标值	排名	指标值	排名	指标值	排名
39	渤海人寿	516%	9	288%	18	305%	10	186%	40	138%	60
40	英大泰和人寿	238%	28	211%	40	178%	45	193%	37	166%	43
41	华泰人寿	156%	52	162%	58	162%	55	158%	59	157%	51
42	弘康人寿	124%	60	127%	65	131%	68	163%	52	156%	52
43	招商局仁和人寿	1846%	2	453%	9	206%	35	200%	30	182%	28
44	中荷人寿	177%	42	192%	44	220%	30	195%	35	170%	37
45	中德安联人寿	170%	45	179%	49	171%	52	188%	38	187%	27
46	中银三星人寿	168%	47	157%	59	151%	59	170%	48	154%	54
47	东吴人寿	173%	43	187%	45	203%	37	205%	27	243%	14
48	恒安标准人寿	237%	29	289%	17	291%	12	300%	5	235%	15
49	财信吉祥人寿	80%	66	185%	47	180%	44	213%	23	158%	48
50	同方全球人寿	199%	37	183%	48	204%	36	221%	22	228%	18
51	北大方正人寿	199%	36	173%	52	187%	42	164%	51	124%	65
52	陆家嘴国泰人寿	292%	16	232%	34	216%	31	197%	33	173%	33
53	横琴人寿	937%	4	333%	16	170%	53	156%	61	178%	30
54	中韩人寿	247%	24	173%	51	263%	19	197%	32	121%	66
55	复星保德信人寿	682%	8	386%	13	194%	40	205%	28	167%	41
56	汇丰人寿	293%	15	242%	32	226%	29	254%	13	210%	21
57	长生人寿	208%	35	164%	56	177%	46	146%	64	138%	58
58	北京人寿	N/A	N/A	1812%	5	695%	2	262%	10	161%	46
59	瑞泰人寿	122%	62	216%	39	206%	34	159%	55	129%	63
60	国联人寿	358%	11	242%	31	201%	38	158%	58	167%	42
61	中华联合人寿	850%	5	279%	20	161%	57	165%	50	157%	50
62	信美人寿相互保险社	1521%	3	443%	11	181%	43	158%	57	175%	32
63	国宝人寿	N/A	N/A	1829%	4	551%	3	244%	16	168%	39
64	和泰人寿	757%	6	526%	8	283%	14	233%	20	158%	49
65	爱心人寿	2840%	1	1198%	6	338%	8	162%	54	172%	34
66	国富人寿	N/A	N/A	1981%	3	743%	1	194%	36	309%	5
67	海保人寿	N/A	N/A	3168%	1	355%	7	204%	29	178%	31
68	华贵人寿	690%	7	265%	23	267%	16	182%	42	162%	45
69	君龙人寿	191%	40	197%	42	177%	48	178%	43	290%	6

（续表）

编号	公司简称	2017		2018		2019		2020		2021	
		指标值	排名	指标值	排名	指标值	排名	指标值	排名	指标值	排名
70	三峡人寿	N/A	N/A	2881%	2	501%	4	175%	44	130%	62
71	德华安顾人寿	317%	14	401%	12	207%	33	157%	60	167%	40
72	鼎诚人寿	−446%	72	607%	7	440%	6	183%	41	191%	25
73	小康人寿	−4036%	73	−7738%	73	−16131%	73	46821%	1	2107%	1

注:1. 指标值根据各家寿险公司第四季度的偿付能力报告整理得到,降序排名,内涵着综合偿付能力充足率越高,公司经营风险通常越小;

2. N/A 表示数据缺失,这与公司尚未开业经营或未按期披露报告有关;

3. 小康人寿,原中法人寿,2020 年 12 月增资换股,并于 2021 年正式更名为小康人寿,故该指标在 2020 年和 2021 年畸高。

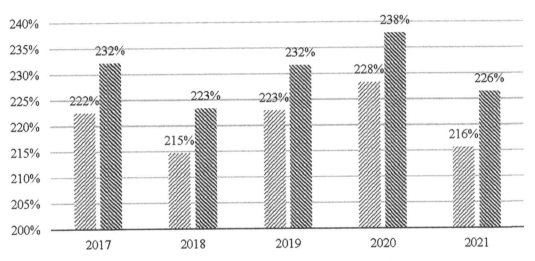

行业核心偿付能力充足率　　行业综合偿付能力充足率

图 47　2017—2021 年寿险业平均偿付能力充足率比较

表 46　2017—2021 年综合偿付能力充足率平均值排名前十的寿险公司列表

序号	公司简称	2017		2018		2019		2020		2021		平均值
		指标值	排名	指标值	排名	指标值	排名	指标值	排名	指标值	排名	
1	友邦人寿	438%	10	449%	10	442%	5	415%	2	438%	2	436%
2	中美联泰大都会人寿	324%	13	339%	14	309%	9	357%	3	374%	3	341%
3	民生人寿	356%	12	334%	15	295%	11	309%	4	310%	4	321%
4	新华人寿	282%	18	275%	21	284%	13	278%	6	252%	12	274%
5	恒安标准人寿	237%	29	289%	17	291%	12	300%	5	235%	15	270%

（续表）

序号	公司简称	2017		2018		2019		2020		2021		平均值
		指标值	排名	指标值	排名	指标值	排名	指标值	排名	指标值	排名	
6	中国人寿	278%	19	251%	27	277%	15	269%	8	262%	8	267%
7	中信保诚人寿	290%	17	273%	22	249%	23	249%	15	261%	9	264%
8	中宏人寿	255%	21	265%	24	255%	22	270%	7	259%	11	261%
9	招商信诺人寿	251%	22	258%	26	267%	17	265%	9	224%	19	253%
10	泰康人寿	240%	27	238%	33	257%	20	260%	12	260%	10	251%

注：因开业前几年数据畸高，该表格排名中剔除了该类公司。

1. 指标计算公式

$$综合偿付能力充足率 = \frac{实际资本}{最低资本} \times 100\%$$

（公式 26）

2. 指标分析

综合偿付能力充足率，即实际资本与最低资本的比值，衡量保险公司资本的总体充足状况；相较于核心偿付能力充足率，该指标的分子是实际资本，包含核心资本与附属资本。所谓附属资本，是指仅在破产清算状态下可以吸收损失的资本，其特征是永续性弱，破产清算时的受偿顺序列于保单持有人和一般债权人之后，先于核心资本，如期限短（5年或5年以内）的次级债。

表45列示了2017—2021年各寿险公司的综合偿付能力充足率值及其排名。各寿险公司综合偿付能力充足率值和排名情况与表43展示的各寿险公司核心偿付能力充足率指标值和排名情况类似。原因是，大部分公司的核心资本与实际资本在各年度均无差异，导致其综合偿付能力充足率与核心偿付能力充足率基本无差异。但也有少数公司两者差异较大，如幸福人寿和前海人寿，这些公司很可能是通过发行期限较短的次级债补充了不少资本。此外，与表43展示的规律类似，不同发展阶段的公司的综合偿付能力充足率往往呈现不同特征，2017和2018年新成立的公司因为处在公司初创阶段，前几年的综合偿付能力充足率超高，随着业务的开展，综合偿付能力充足率值逐年降低且趋稳。而经营期间较长的公司的综合偿付能力充足率波动较小，相对稳定。

图47展示了寿险业过去5年的综合偿付能力充足率均值和核心偿付能力充足率均值，可以看出，就寿险业整体而言，综合偿付能力充足率约高于核心偿付能力充足率10%左右，说明在偿二代一期工程规定下，寿险业的附属资本占比很低（但在偿二代二期工程规定下，从2022年开始，由于核算口径变化，寿险业的附属资本占比会大幅升高，进而导致核心偿付能力充足率大幅低于综合偿付能力充足率）。

表46列示了过去5年综合偿付能力充足率均值排名前十的公司。可以看出，这个榜单与表44列示的过去5年核心偿付能力充足率均值排名前十的公司基本一致。这不

奇怪,因为在偿二代一期工程规定下,核心资本与实际资本差异很小导致核心偿付能力充足率与综合偿付能力充足率差异很小。

（十二）保险风险最低资本占比

表47　2017—2021年保险风险最低资本占比指标值及排名

编号	公司简称	2017		2018		2019		2020		2021	
		指标值	排名	指标值	排名	指标值	排名	指标值	排名	指标值	排名
1	中国人寿	24%	41	22%	47	23%	43	21%	48	21%	49
2	平安人寿	49%	9	51%	7	51%	8	47%	9	41%	10
3	太平洋人寿	30%	29	32%	31	31%	31	30%	33	29%	31
4	新华人寿	41%	17	41%	15	40%	12	36%	21	30%	29
5	泰康人寿	39%	21	40%	17	38%	17	36%	23	34%	23
6	太平人寿	38%	24	39%	20	37%	20	32%	26	29%	32
7	华夏人寿	15%	53	11%	64	11%	64	N/A	N/A	N/A	N/A
8	中国人民人寿	24%	39	27%	37	31%	29	31%	31	25%	41
9	富德生命人寿	13%	57	15%	55	16%	56	16%	55	16%	55
10	前海人寿	16%	50	13%	61	10%	65	8%	66	4%	67
11	阳光人寿	22%	42	27%	39	26%	38	26%	38	27%	35
12	中邮人寿	7%	65	5%	72	5%	72	6%	68	8%	64
13	国华人寿	7%	64	8%	70	8%	69	10%	63	10%	62
14	建信人寿	14%	56	14%	58	16%	57	16%	57	16%	56
15	友邦人寿	72%	1	79%	1	83%	1	78%	2	73%	3
16	天安人寿	11%	60	14%	60	12%	62	N/A	N/A	N/A	N/A
17	工银安盛人寿	25%	37	26%	40	24%	42	22%	45	21%	48
18	恒大人寿	14%	55	11%	65	13%	61	13%	60	N/A	N/A
19	百年人寿	18%	46	27%	38	22%	47	22%	47	20%	51
20	民生人寿	48%	10	45%	11	39%	15	38%	17	37%	15
21	农银人寿	26%	35	22%	48	23%	44	22%	46	22%	45
22	合众人寿	41%	18	38%	22	30%	34	29%	35	26%	37
23	君康人寿	15%	52	10%	66	8%	68	N/A	N/A	N/A	N/A
24	中信保诚人寿	50%	8	47%	8	42%	11	38%	18	34%	22
25	中意人寿	45%	11	39%	21	36%	22	37%	19	38%	14
26	幸福人寿	11%	59	14%	59	17%	54	15%	58	14%	59

（续表）

编号	公司简称	2017		2018		2019		2020		2021	
		指标值	排名	指标值	排名	指标值	排名	指标值	排名	指标值	排名
27	珠江人寿	8%	62	9%	67	7%	70	5%	69	5%	66
28	信泰人寿	15%	54	20%	49	31%	33	27%	37	24%	42
29	招商信诺人寿	40%	19	37%	23	33%	26	26%	40	22%	46
30	交银人寿	44%	14	41%	13	37%	19	32%	28	27%	36
31	中美联泰大都会	69%	2	72%	2	68%	4	62%	6	54%	7
32	上海人寿	21%	43	23%	46	13%	59	9%	64	6%	65
33	长城人寿	16%	48	19%	52	18%	53	21%	49	21%	47
34	利安人寿	18%	45	15%	57	10%	66	11%	62	13%	61
35	中融人寿	16%	49	9%	68	6%	71	6%	67	N/A	N/A
36	光大永明人寿	36%	26	40%	19	38%	16	40%	15	34%	24
37	中宏人寿	65%	3	66%	3	63%	5	64%	4	65%	6
38	中英人寿	43%	15	46%	9	43%	10	40%	14	42%	9
39	渤海人寿	11%	61	8%	71	9%	67	8%	65	9%	63
40	英大泰和人寿	29%	31	30%	33	26%	40	23%	44	25%	39
41	华泰人寿	40%	20	40%	16	36%	21	32%	27	32%	26
42	弘康人寿	20%	44	34%	25	35%	23	38%	16	32%	27
43	招商局仁和人寿	7%	67	16%	54	19%	52	15%	59	13%	60
44	中荷人寿	26%	34	28%	34	33%	25	34%	24	35%	21
45	中德安联人寿	56%	6	42%	12	35%	24	36%	20	35%	18
46	中银三星人寿	26%	33	28%	36	28%	36	24%	43	29%	33
47	东吴人寿	29%	30	52%	6	40%	13	42%	13	38%	13
48	恒安标准人寿	45%	12	46%	10	40%	14	36%	22	35%	20
49	财信吉祥人寿	25%	38	24%	43	22%	46	16%	56	16%	58
50	同方全球人寿	57%	5	65%	4	70%	3	70%	3	68%	5
51	北大方正人寿	39%	22	35%	24	31%	30	32%	29	32%	28
52	陆家嘴国泰人寿	36%	25	33%	28	32%	27	30%	32	29%	30
53	横琴人寿	7%	66	15%	56	16%	55	26%	39	23%	44
54	中韩人寿	44%	13	40%	18	38%	18	31%	30	28%	34
55	复星保德信人寿	26%	36	30%	32	22%	49	24%	42	26%	38
56	汇丰人寿	17%	47	13%	62	12%	63	18%	52	19%	53
57	长生人寿	15%	51	24%	44	27%	37	29%	34	35%	19
58	北京人寿	N/A	N/A	26%	41	32%	28	20%	51	19%	54

（续表）

编号	公司简称	2017		2018		2019		2020		2021	
		指标值	排名	指标值	排名	指标值	排名	指标值	排名	指标值	排名
59	瑞泰人寿	53%	7	41%	14	45%	9	49%	8	50%	8
60	国联人寿	12%	58	12%	63	13%	60	12%	61	19%	52
61	中华联合人寿	28%	32	23%	45	22%	45	28%	36	36%	16
62	信美人寿相互保险社	31%	27	33%	30	15%	58	20%	50	33%	25
63	国宝人寿	N/A	N/A	34%	26	25%	41	16%	54	16%	57
64	和泰人寿	31%	28	28%	35	21%	50	17%	53	25%	40
65	爱心人寿	5%	68	18%	53	20%	51	43%	12	70%	4
66	国富人寿	N/A	N/A	3%	73	22%	48	33%	25	35%	17
67	海保人寿	N/A	N/A	20%	50	72%	2	58%	7	41%	12
68	华贵人寿	7%	63	19%	51	26%	39	47%	10	41%	11
69	君龙人寿	41%	16	34%	27	31%	32	24%	41	20%	50
70	三峡人寿	N/A	N/A	8%	69	57%	7	63%	5	80%	2
71	德华安顾人寿	59%	4	61%	5	61%	6	78%	1	85%	1
72	鼎诚人寿	38%	23	33%	29	30%	35	44%	11	24%	43
73	小康人寿	24%	40	26%	42	3%	73	0%	70	3%	68

注：1.指标值根据各家寿险公司第四季度偿付能力报告整理得到,降序排名,内涵着保险风险最低资本占比越高,公司整体业务结构的保障属性越强,公司经营通常越好；

　　2.N/A表示数据缺失,这与公司尚未开业经营或未按期披露财报有关；

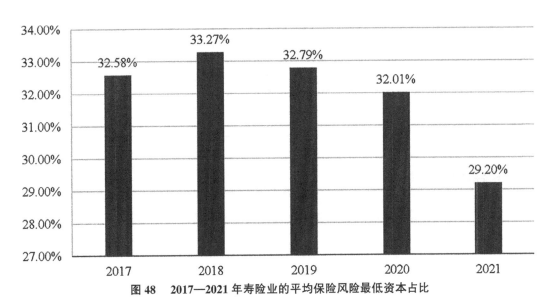

图48　2017—2021年寿险业的平均保险风险最低资本占比

表48　2017—2021年保险风险最低资本占比的区间分布表

区间	2017	2018	2019	2020	2021
[0%，10%)	7	8	9	8	6
[10%，20%)	17	15	14	13	13
[20%，30%)	16	18	15	16	20
[30%，40%)	10	15	22	19	17
[40%，50%)	10	10	5	7	4
[50%，60%)	5	2	2	1	2
[60%，70%)	2	3	4	3	3
[70%，+∞)	1	2	2	3	3
公司合计数	68	73	73	70	68

注：公司合计数即当年实际披露报告的公司总数。

表49　2017—2021年保险风险最低资本占比平均值排名前十的寿险公司列表

序号	公司简称	2017		2018		2019		2020		2021		平均值
		指标值	排名	指标值	排名	指标值	排名	指标值	排名	指标值	排名	
1	友邦人寿	72%	1	79%	1	83%	1	78%	2	73%	3	77%
2	德华安顾人寿	59%	4	61%	5	61%	6	78%	1	85%	1	69%
3	同方全球人寿	57%	5	65%	4	70%	3	70%	3	68%	5	66%
4	中美联泰大都会	69%	2	72%	2	68%	4	62%	6	54%	7	65%
5	中宏人寿	65%	3	66%	3	63%	5	64%	4	65%	6	65%
6	平安人寿	49%	9	51%	7	51%	8	47%	9	41%	10	48%
7	瑞泰人寿	53%	7	41%	14	45%	9	49%	8	50%	8	48%
8	中英人寿	43%	15	46%	9	43%	10	40%	14	42%	9	43%
9	中信保诚人寿	50%	8	47%	8	42%	11	38%	18	34%	22	42%
10	三峡人寿	N/A	N/A	8%	69	57%	7	63%	5	80%	2	42%

1. 指标计算公式

$$保险风险最低资本占比 = \frac{保险风险最低资本}{最低资本} \times 100\%$$

（公式27）

2. 指标分析

保险风险最低资本占比可用来衡量寿险公司存量业务结构中保障性保险业务的占比,通常,保险风险最低资本占比越高,寿险公司存量业务结构中保障性保险业务占比就越高,而保障性保险业务的盈利能力通常高于储蓄性保险,因此,可用保险风险最低资本占比间接推断寿险公司的业务结构状况,进而推断其盈利能力。

可用保险风险最低资本占比衡量寿险公司保障性保险业务占比的内在原因是:寿险公司最低资本目前主要由量化风险最低资本和控制风险最低资本构成。量化风险最低资本主要包括保险风险、市场风险、信用风险对应的最低资本。其中保险风险是指损失发生率风险、退保风险、费用风险。市场风险包括利率风险、权益市场风险、汇率风险等各类市场风险。信用风险是指由于交易对手不能履行或不能按时履行其合同义务,或者交易对手信用状况的不利变动,导致寿险公司遭受非预期损失的风险。控制风险是指因寿险公司内部管理和控制不完善或无效,导致固有风险未被及时识别和控制的偿付能力相关风险。根据偿二代相关规定,量化风险最低资本由保险风险最低资本、市场风险最低资本、信用风险最低资本在考虑相关系数的基础上汇总得到,控制风险最低资本则是在量化风险最低资本基础上用"由监管机构根据现场检查评分得到的系数"与量化风险最低资本的乘积得到。对应以上最低资本的构成和计算方法可知,无论是保障型业务还是储蓄型业务,其形成的负债和资产都有市场风险和信用风险,但储蓄性业务带来的保险风险极低,只有保障性业务才会带来大量的保险风险,因此可以推断,寿险公司的保障性业务占比越高,保险风险最低资本占比就越高。

表47列示了2017—2021年各寿险公司的保险风险最低资本占比指标值及排名。部分公司的保险风险最低资本占比一直处于高位,如平安人寿、友邦人寿、中美联泰大都会人寿等,说明其业务结构的保障性很强。部分公司的保险风险最低资本占比逐年上涨,说明其处于业务结构调整的过程中,更加聚焦于保障性保险业务,如三峡人寿、爱心人寿、华贵人寿、国富人寿等。也有部分公司过去5年一直维持在较低的比例,如渤海人寿、国华人寿、珠江人寿和中邮人寿,说明其业务结构中储蓄型业务占比一直很高。

图48展示了2017—2021年寿险业的平均保险风险最低资本占比情况,可以看出,过去5年,寿险业的平均保险风险最低资本占比在29.2%—33.27%之间,近三年略有下降趋势,估计是保障性保险的主打产品重疾险销量下滑导致寿险业总业务结构中保障性业务占比减少、储蓄性业务占比增加的结果。

表48列示了每年该指标的分布情况。可以看出,处于[20%,30%)和[30%,40%)两个区间的公司数量最多,但也有部分公司的保险风险资本占比低于10%,说明寿险公司不可避免地要做大量储蓄性业务,但有部分公司的业务结构的储蓄性极强,保障性业务很少。

表49列示了过去5年该指标均值排名前十的公司。可以看出,友邦人寿该指标稳定的维持在70%以上;德华安顾人寿则后来居上;中信保诚人寿的该指标值则从50%降低至34%,说明其业务结构的保障性很可能在下降,储蓄性很可能在上升。

（十三）最低资本回报率

表 50　2017—2021 年最低资本回报率指标值及排名

编号	公司简称	2017		2018		2019		2020		2021	
		指标值	排名	指标值	排名	指标值	排名	指标值	排名	指标值	排名
1	中国人寿	13.3%	14	4.6%	30	17.7%	12	13.3%	21	12.8%	15
2	平安人寿	12.7%	16	22.2%	6	22.0%	6	22.9%	4	10.9%	18
3	太平洋人寿	11.1%	19	13.1%	15	16.2%	15	12.6%	22	11.6%	16
4	新华人寿	7.7%	26	10.3%	19	15.5%	17	13.6%	19	13.1%	14
5	泰康人寿	17.3%	7	20.1%	7	21.4%	7	19.7%	8	25.3%	2
6	太平人寿	14.1%	13	10.7%	17	16.6%	13	15.4%	12	9.6%	20
7	华夏人寿	8.6%	24	4.9%	28	0.8%	48	N/A	N/A	N/A	N/A
8	中国人民人寿	2.5%	35	2.6%	36	9.1%	28	10.6%	24	9.1%	22
9	富德生命人寿	−2.1%	44	−1.2%	47	4.3%	37	0.2%	50	0.0%	48
10	前海人寿	0.0%	42	0.0%	46	0.0%	53	14.8%	16	−16.7%	61
11	阳光人寿	8.3%	25	15.1%	10	15.3%	18	13.8%	18	13.5%	13
12	中邮人寿	7.5%	27	6.1%	25	13.9%	23	7.3%	28	5.6%	31
13	国华人寿	21.7%	2	13.5%	14	12.6%	24	1.5%	44	3.4%	36
14	建信人寿	4.7%	31	5.3%	26	5.3%	32	3.9%	35	3.6%	35
15	友邦人寿	18.2%	4	33.3%	3	50.3%	1	37.5%	1	38.0%	1
16	天安人寿	−5.3%	47	−3.1%	48	−24.7%	58	N/A	N/A	N/A	N/A
17	工银安盛人寿	9.2%	23	7.8%	24	7.8%	30	6.9%	29	7.4%	24
18	恒大人寿	16.6%	9	22.5%	5	15.6%	16	8.2%	27	0.0%	48
19	百年人寿	5.6%	30	8.1%	22	1.9%	43	4.9%	32	2.8%	38
20	民生人寿	11.6%	17	10.4%	18	18.8%	10	27.1%	2	16.0%	7
21	农银人寿	2.7%	34	2.6%	37	4.6%	35	3.2%	37	3.3%	37
22	合众人寿	0.1%	41	−10.9%	50	9.3%	27	10.5%	26	−4.5%	55
23	君康人寿	6.0%	29	2.3%	38	2.7%	41	N/A	N/A	N/A	N/A
24	中信保诚人寿	17.3%	6	14.8%	12	18.0%	11	20.0%	7	19.7%	5
25	中意人寿	10.0%	20	12.0%	16	16.3%	14	15.0%	15	14.7%	10
26	幸福人寿	0.7%	38	−101.3%	63	1.4%	45	1.8%	41	7.7%	23
27	珠江人寿	4.2%	32	1.3%	40	4.4%	36	3.7%	36	0.0%	48
28	信泰人寿	−18.9%	50	0.8%	43	1.2%	47	1.1%	46	1.8%	39
29	招商信诺人寿	15.9%	10	19.2%	8	21.1%	8	20.3%	6	11.4%	17

（续表）

编号	公司简称	2017		2018		2019		2020		2021	
		指标值	排名	指标值	排名	指标值	排名	指标值	排名	指标值	排名
30	交银人寿	16.8%	8	13.7%	13	14.1%	22	14.5%	17	14.9%	8
31	中美联泰大都会	19.3%	3	34.0%	2	33.9%	3	18.9%	9	19.7%	4
32	上海人寿	1.3%	37	1.7%	39	5.1%	34	6.2%	30	0.0%	48
33	长城人寿	−20.3%	51	−35.8%	53	1.9%	42	1.0%	47	1.7%	40
34	利安人寿	−5.3%	46	3.1%	34	0.0%	52	1.1%	45	−5.5%	57
35	中融人寿	−49.4%	56	1.0%	41	6.1%	31	0.6%	49	N/A	N/A
36	光大永明人寿	−0.5%	43	0.4%	45	0.3%	51	1.7%	42	4.6%	33
37	中宏人寿	14.2%	11	14.9%	11	15.2%	19	15.3%	13	13.6%	12
38	中英人寿	9.6%	22	9.1%	21	10.0%	26	12.1%	23	14.8%	9
39	渤海人寿	11.1%	18	−28.0%	52	−42.6%	66	−74.5%	68	−1.1%	53
40	英大泰和人寿	6.7%	28	5.2%	27	5.2%	33	5.2%	31	7.1%	27
41	华泰人寿	0.7%	39	4.5%	31	14.6%	21	10.5%	25	7.0%	28
42	弘康人寿	9.7%	21	17.7%	9	14.8%	20	1.6%	43	1.6%	41
43	招商局仁和人寿	−117%	61	−69.4%	60	−34.5%	63	−11.4%	56	−4.2%	54
44	中荷人寿	−4.0%	45	3.8%	32	4.0%	38	0.2%	51	0.3%	46
45	中德安联人寿	17.7%	5	60.2%	1	35.6%	2	23.2%	3	25.2%	3
46	中银三星人寿	1.8%	36	2.7%	35	3.2%	40	2.7%	38	4.2%	34
47	东吴人寿	−22.1%	52	−11.3%	51	0.7%	49	4.4%	33	5.4%	32
48	恒安标准人寿	14.1%	12	10.2%	20	18.8%	9	17.3%	10	14.1%	11
49	财信吉祥人寿	−46.4%	55	−6.4%	49	1.6%	44	13.5%	20	9.8%	19
50	同方全球人寿	0.4%	40	8.0%	23	11.7%	25	16.3%	11	9.2%	21
51	北大方正人寿	3.6%	33	3.3%	33	0.6%	50	−50.3%	65	6.9%	29
52	陆家嘴国泰人寿	−5.7%	48	0.9%	42	8.6%	29	15.0%	14	7.1%	26
53	横琴人寿	−84.6%	59	−74.5%	61	−33.5%	62	4.3%	34	0.5%	45
54	中韩人寿	−100%	60	−54.5%	56	−52.5%	68	2.3%	40	−25.7%	64
55	复星保德信人寿	−54.6%	57	31.9%	4	33.4%	4	−22.0%	60	−14.7%	58
56	汇丰人寿	36.5%	1	−61.3%	58	3.6%	39	0.1%	52	−46.3%	67
57	长生人寿	−22.8%	53	−40.7%	54	−23.0%	57	−5.0%	53	1.5%	42
58	北京人寿	N/A	N/A	−149.1%	67	−19.3%	56	−23.5%	62	−16.1%	59
59	瑞泰人寿	−6.9%	49	0.5%	44	1.3%	46	−20.4%	59	0.6%	44
60	国联人寿	−37.1%	54	−93.6%	62	−29.9%	60	−7.5%	54	0.2%	47
61	中华联合人寿	−84.4%	58	−59.7%	57	−9.8%	54	−9.5%	55	−5.1%	56

（续表）

编号	公司简称	2017		2018		2019		2020		2021	
		指标值	排名	指标值	排名	指标值	排名	指标值	排名	指标值	排名
62	信美人寿相互保险社	−688%	67	−131.3%	66	−26.2%	59	0.7%	48	17.2%	6
63	国宝人寿	N/A	N/A	−164.6%	68	−13.3%	55	−27.6%	63	−0.2%	52
64	和泰人寿	−194%	65	−48.8%	55	−38.4%	64	−19.2%	57	−25.7%	63
65	爱心人寿	−693%	68	−237.2%	69	−161.2%	71	−65.4%	66	−20.4%	62
66	国富人寿	N/A	N/A	−343.2%	71	−38.5%	65	−19.4%	58	−32.1%	65
67	海保人寿	N/A	N/A	−253.6%	70	−43.3%	67	−22.8%	61	1.4%	43
68	华贵人寿	−122%	62	−65.9%	59	−31.2%	61	22.5%	5	6.6%	30
69	君龙人寿	12.7%	15	4.8%	29	24.2%	5	2.4%	39	7.1%	25
70	三峡人寿	N/A	N/A	−399.1%	72	−172.2%	72	−40.6%	64	−16.4%	60
71	德华安顾人寿	−1384%	64	−116.0%	64	−101.0%	69	−74.4%	67	−66.9%	68
72	鼎诚人寿	−134%	63	−119.2%	65	−149.9%	70	−168%	69	−122%	69
73	小康人寿	−594%	66	−2975%	73	−3666%	73	−1630%	73	−44.4%	66

注：1. 指标值根据各家寿险公司历年财报整理得到，降序排名，内涵着最低资本回报率越高，公司经营通常越好；

2. N/A 表示数据缺失，这与公司尚未开业经营或未按期披露财报有关；

3. 斜体字因空缺前一年度期末最低资本数据，以 0 计算，指标分母因此偏小，计算结果绝对值偏大。

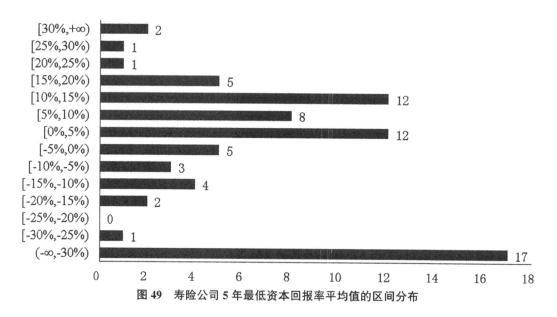

图 49　寿险公司 5 年最低资本回报率平均值的区间分布

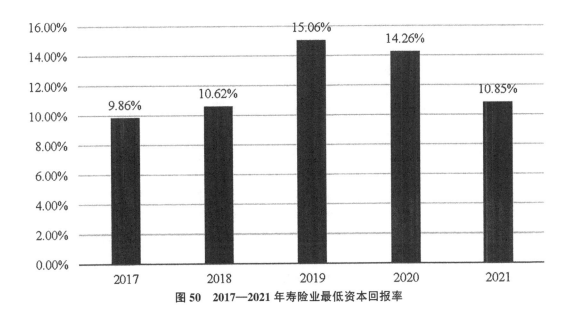

图 50　2017—2021 年寿险业最低资本回报率

表 51　2017—2021 年最低资本回报率平均值排名前十的寿险公司列表

序号	公司简称	2017		2018		2019		2020		2021		平均值
		指标值	排名	指标值	排名	指标值	排名	指标值	排名	指标值	排名	
1	友邦人寿	18.17%	4	33.30%	3	50.26%	1	37.45%	1	38.02%	1	35%
2	中德安联人寿	17.69%	5	60.18%	1	35.64%	2	23.18%	3	25.18%	3	32%
3	中美联泰大都会人寿	19.34%	3	33.97%	2	33.88%	3	18.92%	9	19.71%	4	25%
4	泰康人寿	17.27%	7	20.07%	7	21.43%	7	19.71%	8	25.34%	2	21%
5	平安人寿	12.71%	16	22.24%	6	21.98%	6	22.86%	4	10.86%	18	18%
6	中信保诚人寿	17.32%	6	14.83%	12	17.95%	11	19.97%	7	19.65%	5	18%
7	招商信诺人寿	15.85%	10	19.24%	8	21.09%	8	20.30%	6	11.42%	17	18%
8	民生人寿	11.60%	17	10.39%	18	18.79%	10	27.09%	2	16.00%	7	17%
9	恒安标准人寿	14.14%	12	10.17%	20	18.83%	9	17.28%	10	14.07%	11	14.9%
10	交银人寿	16.81%	8	13.72%	13	14.14%	22	14.48%	17	14.90%	8	14.8%

1. 指标计算公式

$$最低资本回报率 = \frac{净利润}{(期初最低资本＋期末最低资本)/2} \times 100\%$$

（公式 28）

2. 指标分析

最低资本回报率衡量假定保险公司的股东投入最低资本要求额那么多的净资产时的资本回报率。之所以要使用这个指标计算资本回报率，是因为各家公司的偿付能力充足率不同，净资产水平高低不同，进而使得各公司间的净资产收益率可比性较差，因此，这里将净资产收益率的分母更换为最低资本，称其为"最低资本回报率"，这就使每家公司的资本回报率的分母处于同一水平上，可称之为"经风险调整的资本回报率"，进而具备了公司间可比性。

表50列示了2017—2021年各寿险公司的最低资本回报率指标值及排名。

图49展示了各寿险公司最低资本回报率5年均值的分布情况。

图50列示了2017—2021年寿险业平均最低资本回报率情况。可以看出，行业平均最低资本回报率在10%—15%左右，2019年最高，近两年呈下降趋势，其规律和原因与净资产收益率、总资产收益率和利差的规律和原因基本相同。

表51列示了2017—2021年最低资本回报率平均值排名前十的寿险公司。可以看出，除民生人寿和交银人寿外，这份榜单与总负债成本率排名前十、总资产收益率排名前十、净资产收益率排名前十、利差排名前十的公司是类似的。